問題を通して学ぶ 生成文法

阿部潤 著

Learning Generative Grammar
through Solving Problems

ひつじ書房

まえがき

　本書は、ノーム・チョムスキー(Noam Chomsky)が提唱した変形生成文法理論を土台として「統語論」の概説を試みたものである。本書の特色としては、まず、できるだけ前提概念を排し、高校卒業程度の英語力を持ってすれば理解可能な内容となっていることがあげられる。したがって、大学の学部生用の入門のテキストとして活用されることをもくろんでいる。とくに、データは英語を用いていることから、英語学科の学生を念頭に書かれてはいるが、英語学科の学生でなくとも十分に読みこなせるものと思われる。第2に、本書では、データの説明というよりは理論の説明に重点が置かれ、多くの既存の解説書のように、単に生成文法理論で使われているデータや概念を網羅的に並べ立てて解説するのでもなく、時系列的に変形生成文法の歴史を追っているわけでもない。本書全体の構成は、ある意味で、すべての項目が互いに密接に関係しあい、全体で1つの有機的な理論体系をなしていると言える。このような提示によって、単なる生成文法の表面的な理解を越えて、その方法論や議論の仕方を読者に理解してもらうことをねらいとする。そういう意味では、本書は必ずしも「簡単でやさしい入門テキスト」というわけではなく、読者によっては多少難解な印象を抱くかも知れない。第3に、とりわけ重要なのが、読者の理解を助けるために、要所要所に、問題を付している点である。これは、復習や応用問題として章や節の終わりにまとめて置かれた問題集というのではなく、論を進めるのに、読者がポイントを理解しているかを確かめる役割を担っていると言える。ひつじ書房の松本功氏の助言により、この点を本書のタイトルに反映させることとした。

　本書全体の構成は、「英語話者の文法の解明」とでも呼べるような内容に

基づいたものとなっている。その理由は、本書が、変形生成文法が当初目標にすえた「大人の文法とはいかなるものであるか」という問題に取り組んだチョムスキーの初期の著作を基本としたからである。とりわけ、第2章の統語構造と第3章の変形規則の内容は、Chomsky(1955, 1957, 1965)の著作に負うところが大きい。第4章の意味解釈規則のところは、70年代のチョムスキーの著作が基になっていて、この時期になると、「大人の文法の解明」からいわゆる「普遍文法(Universal Grammar)の解明」へと研究目標がシフトしてきたが、それでも題材は英語のデータが大半で、言ってみれば、英語話者の文法を通しての普遍文法の解明という趣であった。したがって、本書では、生成文法の本来の目標である「普遍文法の解明」へ至るまでの前段階のチョムスキーの著作に基づいて、統語論の解説を行っているものと理解していただきたい。

　本書は、平成12年度から5年間金城学院大学で行った集中講義、及び平成13年度から現在に至るまで東北学院大学で担当している「英語統語論」の講義ノートが基になっている。本書を完成させるまでに、受講生からの質問や講義に対する反応など、大いに参考にさせてもらった。彼らの助力がなければ、本書ほどの出来ばえは期待できなかったと思われる。ここに感謝の意を表したい。また、最終原稿を書き上げるにあたって、東北学院大学大学院生の佐藤舞さんに目を通していただき、貴重なコメントをいただいた。ここに感謝の意を表する。

　最後に、出版にあたっては、ひつじ書房の松本功氏に、本書の趣旨に賛同していただき、また合わせて貴重な助言をいただき、深く感謝申し上げる。

2008年3月　阿部潤

目次

まえがき　　　　　　　　　　　　　　　　　　　　　　i

第 1 章　文法とは？　　　　　　　　　　　　　　　　1
　1.1　言語の二面性　　　　　　　　　　　　　　　　1
　1.2　言語の規則性：文法　　　　　　　　　　　　　3
　1.3　文法の成り立ち　　　　　　　　　　　　　　　5
　1.4　「文法」の意味　　　　　　　　　　　　　　　8

第 2 章　統語構造とは？　　　　　　　　　　　　　11
　2.1　句構造　　　　　　　　　　　　　　　　　　11
　2.2　句構造に適用する意味解釈規則　　　　　　　19
　2.3　助動詞を持つ節と助動詞を持たない小節　　　26
　2.4　発音されない代名詞 PRO　　　　　　　　　　37
　2.5　構造的同音異義　　　　　　　　　　　　　　43
　2.6　まとめ　　　　　　　　　　　　　　　　　　45

第 3 章　変形規則とは？　　　　　　　　　　　　　47
　3.1　深層構造と変形規則　　　　　　　　　　　　47
　3.2　変形規則の説明力　　　　　　　　　　　　　52
　3.3　変形規則の順序づけ　　　　　　　　　　　　57
　3.4　受動変形規則と主語繰り上げ規則　　　　　　65
　3.5　変形規則に関わる一般的条件　　　　　　　　72
　　　3.5.1　厳密循環条件　　　　　　　　　　　　72
　　　3.5.2　構造依存性　　　　　　　　　　　　　75
　　　3.5.3　意味からの独立性　　　　　　　　　　83
　　　3.5.4　移動規則の境界性　　　　　　　　　　88
　3.6　まとめ　　　　　　　　　　　　　　　　　　99

第 4 章　意味解釈規則とは？　　　　　　　　　　103
　4.1　代名詞の意味解釈　　　　　　　　　　　　103

　　　　4.1.1　構造依存性　　　　　　　　　　　103
　　　　4.1.2　局所性　　　　　　　　　　　　　110
　　4.2　表層構造に関わる意味解釈　　　　　　　120
　　　　4.2.1　表層主語の意味　　　　　　　　　122
　　4.3　作用域の意味解釈　　　　　　　　　　　125
　　4.4　痕跡理論の誕生　　　　　　　　　　　　135
　　4.5　作用或の意味解釈と論理形式　　　　　　145
　　4.6　まとめ　　　　　　　　　　　　　　　　163

参考文献　　　　　　　　　　　　　　　　　　　165

索引　　　　　　　　　　　　　　　　　　　　　167

略語一覧表

A (Adjective)	形容詞
AP (Adjective Phrase)	形容詞句
Aux (Auxiliary)	助動詞
Comp (Complementizer)	補文標識
c 統御 (constituent-command)	構成素統御
Det (Determiner)	限定詞
DS (Deep Structure)	深層構造
ECM (Exceptional Case Marking)	例外的格付与
EST (Extended Standard Theory)	拡大標準理論
LF (Logical Form)	論理形式
N (Noun)	名詞
NP (Noun Phrase)	名詞句
P (Preposition)	前置詞
PP (Prepositional Phrase)	前置詞句
Pres (Present)	現在形
PRO (PROnoun)	発音されない代名詞
QR (Quantifier Raising)	数量詞繰り上げ規則
S (Sentence)	文
SAI (Subject-Aux Inversion)	主語-Aux 倒置規則
SC (Small Clause)	小節
SS (Surface Structure)	表層構造
SSC (Specified Subject Condition)	指定主語条件
ST (Standard Theory)	標準理論
TSC (Tensed-S Condition)	時制節条件
V (Verb)	動詞
VP (Verb Phrase)	動詞句

第 1 章　文法とは？

1.1　言語の二面性

　本書で問題にする「言語」とは、いわゆる「人工言語」に対比されるところの「自然言語」のことであり、人々がある目的を持って意図的に作り出されたものとしての言語ではなく、子供がある言語環境にさらされることによって、自然に身に付けるような言語のことを問題とする。そのような言語は、「**言語の二面性**」と呼ばれるところの 2 つの大きな特徴を備えている。1 つは、その発現形としての音の側面であり、もう 1 つは、それに付与される解釈としての意味の側面である。一般に「記号」と呼ばれるものは、このような二面性を兼ね備えているが、自然言語の 1 つの大きな特徴は、その発現形が典型的には音によってなされているところにある。もちろん、自然言語は文字によって表すことも可能であるが、世界の諸言語において文字を持たない言語が存在しても、音を持たない言語が存在しないという周知の事実から、自然言語の発現形として音を一義的に考え、文字を派生的なものとみなすことには、それなりの妥当性がある。

　とりわけ、チョムスキーの言語アプローチでは、自然言語研究とは、言語を操る人間の言語能力の解明であり、それも「知らず知らずのうちに自然に

身に付けられた言語能力」をその研究対象とすることから、このアプローチで対象となる自然言語の発現形は、文字ではなく音ということになる。なぜなら、子供は、文字については意識的に学び取っているのに対して、音については、特に教わることなく、自然に身に付けたと考えられるからである。この視点に立った場合、自然言語の発現形として音のみが存在するというのは、厳密には正しくなく、聾者が用いる手話も自然言語の別の発現形とみなしうる。というのは、手話も、健常者の場合と同様、聾者によって自然に身に付けられるものだからである（この点において、聾者が口話法によって意図的に教え込まれる言語は自然言語とは言い難い）。このように見てくると、自然言語の発現形として通常音が用いられるという事実は、何ら必然性を持ったものではなく、単なる人間の進化上の偶然の賜物であり、手話以外にもいろいろと代用されうるものが存在する可能性はあるが、チョムスキーの言語アプローチにおいて、音を自然言語の発現形を代表するものと位置づけておくことに、異論を唱える者はいないであろう。

　言語は、音の側面と、それに付与される意味の側面の両方が兼ね備わって初めてその機能を果たしうる。どちらか一方が欠けても、言語とはみなされない。この言語の二面性は、比喩的に言えば、「言語が持つ2つの顔」と描写しうる。「顔」という表現を用いているのは、この二面性が、ある意味で言語の2つの外的特徴を言い表しているからである。上に述べたように、音は言語の発現形であるから、それを言語の1つの「顔」とみなすことはごく自然なことである。それに対して、言語が持つ意味の側面がその別の「顔」であると言うのは、大ざっぱに言えば、言語が「我々人間の思考内容」とか「外界の出来事や状態」を表現しているということである。

　上で述べたチョムスキーの言語アプローチは、人間の言語能力をその研究対象とする心理学的・生物学的アプローチであるから、その視点に立てば、言語の第2番目の顔は、それが人間の介在なしに直接外界の出来事や状態に対応するとは考えない。そのように見えるのは、その意味的側面が人間のそれら出来事や状態の認識に対応するか、もしくは人間がそういう対応付けが

あるものとして言語を用いているからである。たとえば、英語の Snow is white. という文は、外界に存在する「雪が白い」という事実を言い表しているように見えるが、そこに直接的な対応関係があると考える必然性はなく、チョムスキーのアプローチでは、対応関係があるとすれば、その言語表現とそれを理解する母語話者の「雪が白い」という外界の認識の間に成立するものである。したがって、言語が持つ第 2 番目の顔である意味は、それが外界の出来事や状態に直接対応するのではなく、人間内部の思考や認識に対応すると考える点において、いくぶん内面的な「顔」と理解されうるであろう。

1.2 言語の規則性：文法

　言語には 2 つの顔が存在することをこれまで述べてきたが、2 つのものが存在するとなれば、当然その間の関係が次に問題となってくる。すなわち、音と意味とはいったいどういった関係を有しているのかという問題である。興味深いことに、この問いに対する答えは、言語という対象物に対する焦点の当て方によって、180 度異なる。まず最初に、語彙という単位でその音と意味の関係を考えてみる。ベーコン、コンディヤック、ソシュールなどでよく知られているように、その間の関係は恣意的もしくは制度的である。英語で dog と発音されるものが「犬」という意味に対応し、日本語では［いぬ］と発音されるものが「犬」に対応するという事実が如実に物語っているように、一般に語彙の音と意味の間には何ら必然的関係は存在せず、ただ単にその言語が話されている社会で約束事として決められているに過ぎない。

　それに対して、文という単位では、音と意味の間に必然性もしくは規則性を見て取ることができる。たとえば、次の例文を考えてみる。

（1）a.　John likes Mary.
　　 b.　Mary likes John.

この例文において、John、Mary、likes という 3 つの語彙それぞれにおいては、今述べたように、その音と意味の間には恣意的な関係しか存在しない。それでは、文全体を考慮した場合はどうであろうか。(1a)は「ジョンはメアリが好きである」という意味に対応するのに対して、(1b)は「メアリはジョンが好きである」に対応し、逆の関係ではあり得ない。この場合、文とその意味との関係は、語彙の場合と同じように個別的に恣意的関係が成り立っているだけなのであろうか。少しでも英語を学んだことのある人であれば、その間にある一定の規則性を見て取ることができるであろう。

　今、名詞 John は「ジョン」そして Mary は「メアリ」を指し示し、動詞 likes は「A が B を好きである」という意味を持つことが与えられたとして、これらの語彙意味からどうやって文意味が導き出せるのかを考えてみよう。そのために必要な情報は、何が likes の主語で何が likes の目的語であるかということである。これについては、たとえば、次のような規則が英語には存在すると考えられるであろう。

（2）　動詞の前に出てきた名詞はその動詞の主語の役割を果たし、後に出てきた名詞はその目的語の役割を担う。

この規則が与えられれば、どうやって(1)のそれぞれの文に対して、語彙意味からそれぞれの文意味が導かれるかを見て取ることができるであろう。ここで着目してほしいのは、文意味は、語彙意味とは異なり、個別に 1 つ 1 つ学ぶ必要がないということ、そしてそれがなぜかと言えば、文意味は、語彙意味とは異なり、音と意味の関係がすべて恣意的であるわけではなく、その間にある一定の規則性が働いているということである。このように、音と意味との関係において存在する規則性を体系的に言い表したのが、いわゆる（狭義の意味での）「**文法**（grammar）」であり、その中で主要な役割を果たすのが**統語部門**（syntactic component）である。

　文法には、大ざっぱに言って、規則性を捉えるための 3 つの要素が存在する。すなわち、「単位」「構造」「規則」の 3 つである。これらを簡単に説明

すれば、「単位」とは文法の基本要素であり、「構造」とは単位がある一定の仕方で結びついて構成されるものであり、「規則」とはそれら単位や構造に対して適用するものである。このことを(1)の文に則して説明すれば、単位を成すのは、この場合、John、Mary、likes という**単語**(word)である。構造は、この場合、単語の結び付きを捉えるものであるが、最も単純な構造として考えられうるのは、「語がどのような順番に並んでいるか」という語の線形順序(linear order)に基づいたものである。すなわち、John、Mary、likes という3つの単語は(1a)では John–likes–Mary という線形順序を成し、(1b)では Mary–likes–John という線形順序を成していると言える。規則は、たとえば、(2)に述べられた「意味解釈規則」が考えられる。この意味解釈規則は、(1)の文それぞれが持つ構造、すなわち、線形順序による構造に基づいて、何が主語と解釈され、何が目的語と解釈されるかを規定している。このようにして、文法の3要素の働きによって、ある文がいかにしてその意味に対応づけられるかを捉えることが可能となる。このように、単語を単位としてその構造や規則を使って、ある文の音連鎖と意味の間の規則性を捉えるのが、文法の中の統語部門が担っている役割である。

1.3 文法の成り立ち

本書では、これから統語部門について詳述することになるが、本題に入る前に、統語部門も含めた文法全体がいったいどのような部門から成り立ち、どういう役割分担になっているのかについて簡単に触れておきたい。通常、文法は、以下の4部門からなると考えられている。

(3) a. 音韻部門(phonological component)
　　b. 形態部門(morphological component)
　　c. 統語部門(syntactic component)
　　d. 意味部門(semantic component)

これらの部門は、言語が持つ規則性を捉えるという点では共通しているが、その捉え方として、何をその部門の単位として想定するかによって、捉える規則性が違ってくる。また、想定する単位が違ってくれば、そこから得られる構造及びそれに適用する規則も異なってくることが期待される。(当然のことながら、それらの構造や規則に関し、部門間にまたがる共通性または一般的特性も存在するであろうことも同様に期待されるが。)

　音韻部門で設定される単位は**音素**(phoneme)と呼ばれ、この部門では、この単位を基にした構造とそれに適応するさまざまな規則を設けることによって、言語の「音の顔」に存在する規則性を捉えようとするものである。たとえば、英語の letter という単語は /l/, /e/, /t/, /ɚ/ の4つの音素に分解され、それが集まって /le-tɚ/ という2つの**音節**(syllable)から成る構造が作られる。その構造に、たとえば、母音にはさまれ、最初の母音に強勢がある場合引き起こされる弾音化(flapping)の規則が適用して、[leɾɚ] という発音が得られる、等々。

　形態部門は、通常、意味を成す最小単位とみなされている**形態素**(morpheme)を単位として、それに基づいた構造とそれに適用する規則を使って、主に単語内部の形態素の結び付き方と、それら各々の形態素が持つ意味と単語全体の意味との関係について存在する規則性を捉えるものである。たとえば、impossibility と unnaturalness という単語は、否定を表す im– と un–、形容詞の possible と natural に相当する部分、そして「〜性」を表す –ity と –ness の3つの形態素に分解される。im– と un– が形容詞にくっ付いて新たな形容詞を作りだす接頭辞(prefix)であり((4a, b)を参照)、また、–ity と –ness が形容詞にくっ付いて新たに名詞を作りだす接尾辞(suffix)である((5a, b)を参照)ことから、それら3つの形態素の構造は、概略、(6a, b)に示す通りである。

(4) a.　im+possible　→　impossble　（im+形容詞　→　形容詞）
　　 b.　un+natural　→　unnatural　（un+形容詞　→　形容詞）
(5) a.　possible+ity　→　possibility　（形容詞+ity　→　名詞）
　　 b.　natural+ness　→　naturalness　（形容詞+ness　→　名詞）
(6) a.　[[im+possible]+ity]（*[im+[possible+ity]]）
　　 b.　[[un−natural]−ness]（*[un+[natural+ness]]）
　　　　（(6)において*の印は誤った構造であることを示している。）

　また、(6)の両方の構造から読み取れる形態素同士の意味関係は、ほぼ等しいものと思われるが、通常、否定辞im−が形容詞にくっ付いた場合にはその名詞形として−ityが使われ、否定辞un−がくっ付いた場合には−nessが使われるという相関関係が見られるが、そういった事実が上述の構造に適用する規則群によって捉えられる、等々。
　統語部門は、音素や形態素よりさらに大きな単語を単位として、それに基づいた構造とそれに適用する規則から成り、その主要な役目は、上で触れた通り、各々の単語の意味から文の意味を導き出すための橋渡しをすることである。これについては、以下に詳述する。
　最後に意味部門であるが、これについてはこれまでの「文法の3要素」を使ってはうまく捉えられない所が存在し、特別な位置づけが必要と思われる。この部門は他部門との関わりから大きく2つの部門に分けることができよう。1つは、言語の「意味の顔」自体に存在する規則性を捉えるもので、もう1つは、形態部門や統語部門で作られた構造から読み取れる意味的特性を捉えるもので、前者を「意味独立部門」、後者を「意味解釈部門」と呼ぶことにする。意味独立部門には、形態素や単語自身が表す概念がどういった意味構造を成しているか、また、概念間に何か一定の関係なり規則的な関係が成り立っているのかなど、いわゆる**語彙意味論**(**lexical semantics**)が扱う領域が存在する。それに対して、意味解釈部門は、形態部門や統語部門で作り出された形態素構造や統語構造から全体の意味を読み取る意味解釈規則から

成り立っている（たとえば、（2）がその一例）。意味独立部門において、形態素や単語などの語彙の意味が与えられ、意味解釈部門において、これらの語彙が組み合わさって作られる構造からその語彙間の意味関係を読み取ることによって、所与の語彙連鎖全体の意味を導き出すことができる。

　また、1節で、言語の意味の側面が「顔」として働いているのは、言語表現が我々の思考内容や外界の出来事・状況などを言い表しているからということを述べたが、そういった言語表現とその対象物との関係を扱うのも意味部門の重要な働きである。同じ箇所で、「チョムスキーの言語アプローチは、人間の言語能力をその研究対象とする心理学的・生物学的アプローチであるから、その視点に立てば、言語の第2番目の顔は、それが人間の介在なしに直接外界の出来事や状態に対応するとは考えない」ということを述べた。この視点に立てば、言語表現とそれが言い表している対象物との間の関係を捉える分野は、言語使用を扱う**語用論**(pragmatics)ということになる。

　以上が、文法の大ざっぱな構成である。1つ注意してほしいのは、この場合の「文法」とは広義の意味での文法であるということである。2節で、「音と意味との関係において存在する規則性を体系的に言い表したのが、いわゆる（狭義の意味での）「文法」である」ということを述べたが、この場合の文法とは、上述した部門構成から言えば、形態部門と統語部門及びこれらの部門で構築された構造に適用する意味解釈部門から成り立っているということができる。

1.4 「文法」の意味

　一般に文法と言えば、学校英文法のような自分の母語ではない言語を学ぶためのマニュアルという理解のされ方をするが、ここで問題にしている文法は、この意味での文法とは大きく異なる。ここで言う文法とは、チョムスキーの生成文法理論の立場に基づき、「人間の脳内部に備わっている言語能力の諸特性を捉えた理論」ということになる。この意味で、文法は脳内部に

実在するものを科学的に捉えたものであり、他分野の理論がそうであるように、その真理性が問題とされる。したがって、いわゆる学校英文法がいかに英語を学ぶのに役立つかという実用的な側面で測られるのとは対照的に、ここで言う文法は、純粋に研究対象として考えられたものである。

　以下の説明では、主に英語をデータとして扱うことになるが、その場合意図されているのは、英語の母語話者の言語能力を明らかにするということである。「脳内部に実在する言語能力を科学的に捉える」と言っても、生成文法理論では「ある抽象的なレベルで」という条件がつく。それは、脳内部の物理的・化学的メカニズム、たとえば神経生理学が問題とするような神経組織の構造とそこに生じるさまざまな伝達物質の働きなどを直接解明するものではなく、人間が言語を操るのを可能ならしめるのにいったいどのような機能が備わっている必要があるかということを、直接その物理的基盤に言及することなく、ある抽象化されたレベルで把握しようとするものである。

第 2 章　統語構造とは？

2.1　句構造

　それではいよいよ本題に入る。第 1 章で述べたように、統語部門で設定される単位は単語である。この単語がどういうふうに結び付いて構造を作るのかをまず考えていく。前章 2 節で、単語の結び付き方を表す最も単純な仕方は、その線形順序に基づくものであることを述べた。それに基づけば、以下の文において、

（ 1 ）a.　John likes Mary.
　　　b.　Mary likes John.

(1a)の構造とは、「3 つの単語が John–likes–Mary の順番に並んでいる」ということであり、(1b)の構造とは、「3 つの単語が Mary–likes–John の順番に並んでいる」ということになる。この構造に前章の（ 2 ）で述べられた意味解釈規則(以下に繰り返してある)を適用すれば、（ 1 ）の文それぞれに正しい意味を付与することができる。

(2) 動詞の前に出てきた名詞はその動詞の主語の役割を果たし、後に出てきた名詞はその目的語の役割を担う。

しかしながら文の統語構造はこれほど単純にはできていない。次の2つの文を比較せよ。

(3) a.　John likes Mary.
　　b.　The man likes the woman.

これまでの仮定に従えば、(3b)の構造は「5つの単語が the–man–likes–the–woman の順番に並んでいる」ということになるが、これで十分な構造を表していると言えるであろうか。

　英語を知っている者であれば誰でも気づく通り、(3)の2つの文にはある共通した構造があることを見て取ることができる。すなわち、(3b)では、(3a)と同様全体が3つの部分から成り立っているということである。しかし、この情報は単に線形順序に依拠した構造からは得られないことに注目してほしい。また、(2)の意味解釈規則を(3b)に当てはめると誤った解釈がなされることにも注目してほしい。この文において、動詞の前に出てくる名詞は man なので、この意味解釈規則に従えば、この名詞だけが主語とみなされてしまうが、事実としては the man 全体が主語の働きをしている。目的語の場合も同様である。これらの事実は、単語がただ単に平板に並んでいるだけと考えるのでは不十分であり、単語の結び付き方には、ある単語の連鎖が他の連鎖よりも結び付きが強いといった減り張りが存在することを示している。(3b)では、表面的には5つの単語が並んでいるように見えるが、the–man と the–woman いう連鎖がそれぞれ他よりも強い結び付きを持っていて、その結果、文全体を3つの部分に分けることが可能である。この事実を捉えるためには、統語構造は単なる平板状のものではなく、重層的または階層的なものになっている必要がある。以下、この階層構造の表し方を示す。

まず、the man や the woman のように、単語が集まって1つのかたまりを成すものは、**句**(phrase)と呼ばれる。階層構造は、言ってみれば単語の連鎖がどういった句から成り立っているかを表すものなので、**句構造**(phrase structure)とも呼ばれる。the man や the woman は、それぞれ man と woman という名詞(noun、略して N)を軸とした名詞的なかたまりなので、**名詞句**(noun phrase、略して NP)と呼ばれる。さて、こういった句の成り立ちを表すのに、通常最も分かりやすい仕方として、樹形図(tree diagram)が用いられる。たとえば、(3b)の句構造は次のように表される。

(4)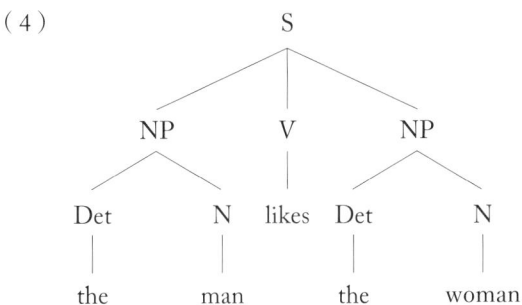

この構造において、S は文(sentence)を表し、それが大きく NP–V–NP という3つの部分に分かれる(V は Verb の略で動詞を表す)。さらに、NP は the や a などの限定詞(determiner、略して Det)と N から成り立っている。

この樹形図において、the, man, likes, the, woman といった語彙以外の V, NP, S のような記号は、単語や句の種類を表すことから、**範疇**(category)と呼ばれる。また、ある単語の連鎖が1つの句で表されている場合、その単語連鎖は**構成素**(constituent)を成すと言う。たとえば、the man や the woman は NP という構成素を成すが、man likes や likes the は構成素を成さない。これらの情報が(4)の樹形図に組み込まれ、(3b)の文が、Det–N–V–Det–N という5つの範疇から成り立っていると共に、NP–V–NP という3つの範疇からも成り立っていて、2つの NP にそれぞれ Det–N が属しているという

階層的な構造を持っていることが正しく捉えられている。こういった句構造は、下に掲げるような規則によって構築される。

(5) a.　S　　→　NP V NP
　　b.　NP　→　(Det)N
　　c.　Det　→　*a, the, ...*
　　d.　N　　→　*man, woman, John, Mary, ...*
　　e.　V　　→　*like, leave, give, put, ...*

これらの規則は、句構造を構築するための指令で、たとえば、(5a)は「SをNP–V–NPに分解せよ」という指令であり、(5b)は「NPをDet–Nに分解せよ」という指令である。これらの規則は、**句構造規則**(phrase structure rule)と呼ばれる。(5b)において、Detがかっこでくくられているのは、NPを分解する際、Detが現れず、Nだけが出現する場合があることを示している。その例が(3a)であり、以下の構造を持つ。

(6)
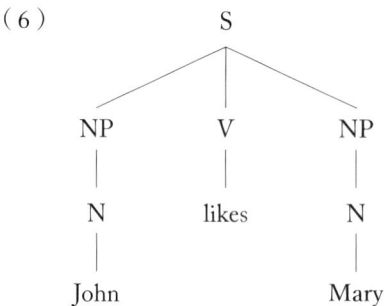

この構造において、JohnとMaryはそれぞれNという品詞に属し、かつ1単語でthe manやthe womanに相当する働きをしていることから、NPを構成していることを表している。(4)と(6)の構造を与えられれば、そこに働く意味解釈規則として、以下のものを仮定することによって、2つの文の意

(7) Vの前のNPを主語と解釈し、Vの後ろのNPを目的語と解釈せよ。

　これまで、文は大きく3つの部分に分かれるものとして話を進めてきたが、実際には、文は大きく主語と述語の2つに分かれるとされる。すなわち、この捉え方ではV–NPという連鎖は1つの句を成すことになる。この句は、動詞を軸とした動詞的なひとかたまりを成すことから、**動詞句（verb phrase、略してVP）**と呼ばれる。この考え方に従えば、句構造規則(5a)は下の(8)のように改められ、それに伴って、(4)と(6)の構造は以下のようになる。

(8) a.　S　　→　NP VP
　　b.　VP　→　V NP

(9)

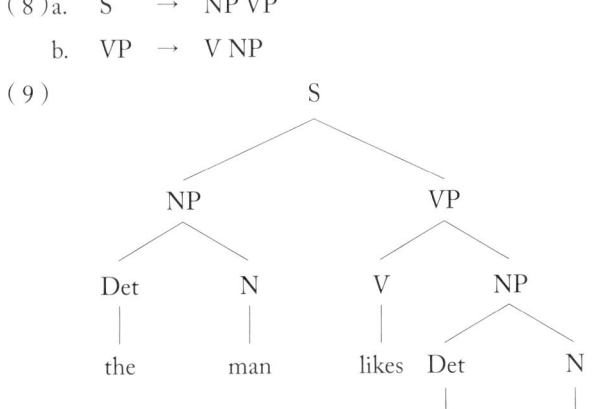

(10)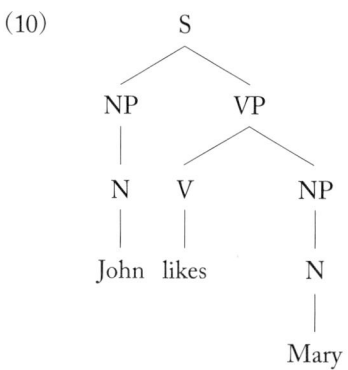

　文は大きく NP–V–NP という 3 つの部分から成るのではなく、NP–VP という 2 つの部分から成るとする主張は広く受け入れられている。読者の中にはなぜ後者の立場が正しいとされているか疑問に思う向きがあるかも知れないので、ここでは 3 つだけ VP の存在を示す証拠をあげる。1 つ目は、慣用句 (idiom chunk) に関わることであるが、この慣用句には、NP–V–NP という他動詞構文において、V と目的語 NP から成るものは多数存在するが (たとえば、kick the bucket (=kill), pull one's leg 等々)、主語 NP と V からなるものは存在しないと言われる。このことは、V と目的語 NP がひとかたまりを成してそれがある特別な意味を生み出す慣用句に対応しているのに対して、目的語を除いて主語 NP と V だけがひとかたまりを成すような振る舞いは慣用句について見られないことを示す。したがって、この事実は、文が大きく主語 NP と VP に分かれることを示唆する。

　2 つ目は、and などによる等位接続 (coordination) に関してである。等位接続されるものは、構成素を成し、通常同じ範疇を持つものでなければならないことはよく知られている。したがって、The man and the woman like the boy. (NP and NP) とは言えるが、*The man likes and woman hates the boy. (*N V and N V) とは言えない。これを念頭において、次の文を比較せよ。

(11) a.　My friend liked the play and enjoyed the book.
　　 b.　*My friend enjoyed and my family liked the book.

(Chomsky 1955, p. 225–226)

(*を付された文は、非文法的な文を示す)

(11a)では、Vと目的語NPが等位接続されていることから、この2つの要素がVPという1つの構成素を成すことを示唆している。それに対して、(11b)では主語NPとVが等位接続されているが、この文が非文法的な文であることから、主語NPとVは構成素を成さないことを示唆している。よって、等位接続の現象においても、文が大きく主語NPとVPに分かれるという考えを示唆する結果が得られる。

　VPの存在を示す3つ目の証拠は、いわゆるdo so構文と言われるものに見られる。以下にこの構文の例をあげる。

(12)　John kissed Mary and Bill *did so*, too.

この例文において、did soが指し示しているのは、kissed MaryというVと目的語NPから成る部分である。これに対して、did soがたとえばJohn kissedという主語NPとVから成る部分を指し示すことはない。また、do soのようないわゆる代動詞表現の他の例の中で、主語NPとVから成る部分を指し示すような表現は存在しないと言われる。このことは、代動詞表現が何の決まりもなく動詞を含むものであれば何でも指し示すわけではなく、ある構成素を成す範疇を指し示していることを示唆する。したがって、do soのような代動詞表現の存在は、VPの存在を動機づけるものと言える。

　これまでは、もっぱら［主語NP］– V –［目的語NP］から成る他動詞構文について述べてきたが、次に別のタイプの文について、その句構造がどうなっているのかを示していく。たとえば、(13)の文は(14)に掲げられた構造を持つ。

(13)　The man ran to the station.

(14)

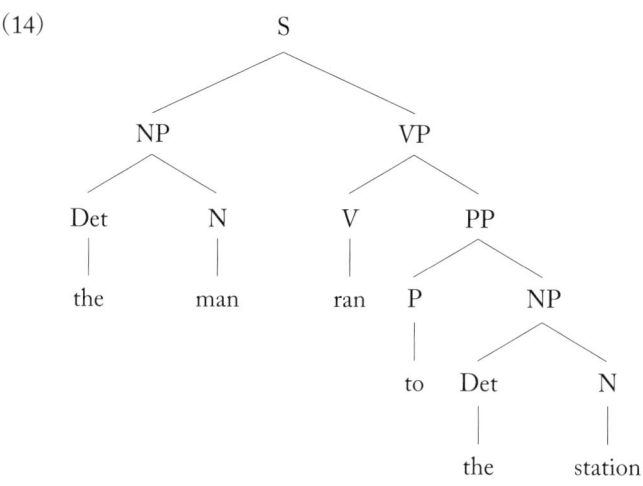

　この構造において、PP は前置詞句(prepositional phrase)を表し、その中心となる前置詞(preposition、略して P)と NP から成り立っている。この構造が以前のものと違う点は、VP が大きく V に対応する ran と PP に対応する to the station に分かれているところである。読者によっては、「V と P がひとかたまりで、その後ろに NP が続くとは考えられないか」という疑問を抱くかも知れない。これについては、たとえば、以下の(15)の文に示す通り、副詞句の very fast は ran と to の間に挿入できるが、to と the station の間には挿入できないことから、(14)に示された VP の構造の方が妥当なものと言えるであろう。

(15) a.　The man ran very fast to the station.
　　 b.　*The man ran to very fast the station.

> 【問題 1】(16)にあげられた句構造規則を用いて、(17)の文の句構造を樹形図で書き表せ。
> (16) a. S   → NP VP
>   b. VP → V (NP) (NP) (PP)
>   c. PP → P NP
>   d. NP → (Det) N
> (17) a. The man left.
>   b. John wrote a letter to Mary.
>   c. John gave Mary a book.

2.2 句構造に適用する意味解釈規則

　ここで、句構造に適用する意味解釈規則について少し詳しく述べる。思い起こしてほしいのは、統語部門の主要な役割は、音と意味の橋渡しをするということである。ある音の連鎖から成る文に対して、これまで示してきた句構造を付与するのは、その文に対して正しい意味解釈を与えるためである。したがって、句構造ができても、それに適用する意味解釈規則が伴わなければ何の意味もない。前節で、主語と目的語についてそれが句構造からどう読み取られるかを考察した。(7)(以下に、(18)として繰り返した)がその意味解釈規則である。

(18)　V の前の NP を主語と解釈し、V の後ろの NP を目的語と解釈せよ。

　句構造には、主語 NP や目的語 NP の他にも VP や PP が存在するので、それらの範疇についても、意味解釈規則がどう適用するのか考察する必要がある。これについては後で触れることにして、まず最初に(18)の意味解釈規則が妥当なものであるかを検討する。(3)にあげられたようないわゆる S–V–O という第 3 文型については、(9)と(10)に与えられた句構造に、(18)の

意味解釈規則を適用することによって正しい文の意味が導き出される。しかし、(17c)のようないわゆるS–V–O–Oという第4文型についてはどうであろうか。この構文は、二重目的語構文と呼ばれているもので、動詞の後に2つの目的語が現れる。(16)の句構造規則に従えば、この構文の句構造は概略以下のようになっている。

(19)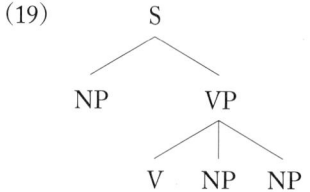

さて、この構造に対して、(18)の意味解釈規則が正しく適用するであろうか。(18)に述べられていることを文字通りに受け取れば、(19)においてVの後ろにある2つのNPは正しく目的語と解釈されるであろう。しかし、たとえば、(14)の句構造(その概略を以下に繰り返してある)に対してはどうであろうか。

(20)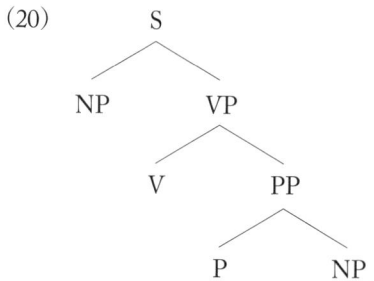

この構造において、PPの下のNPも「Vの後ろのNP」には変わりはないので、誤ってVの目的語と解釈されてしまう。もし仮に、「Vのすぐ後ろの

NP」と修正したとすれば、この NP は V の目的語とは解釈されないが、今度は(19)において V の隣の NP しか目的語と解釈されなくなってしまう。

(18)の意味解釈規則にはまた別の問題が生じる。たとえば、次の文の句構造を考えてみる。

(21)　The man with binoculars kissed Mary.

この文を正しく解釈するためには、the man with binoculars 全体が主語と解釈される必要があるが、(18)に掲げる主語の意味解釈規則によって、正しい結果が得られるであろうか。

(21)の句構造を作り上げるためには、(16d)に示した NP の句構造規則を以下のように代える必要がある。

(22)　NP　→　（Det）N（PP）

この句構造規則によって、(21)の句構造は以下のようになる。

(23)

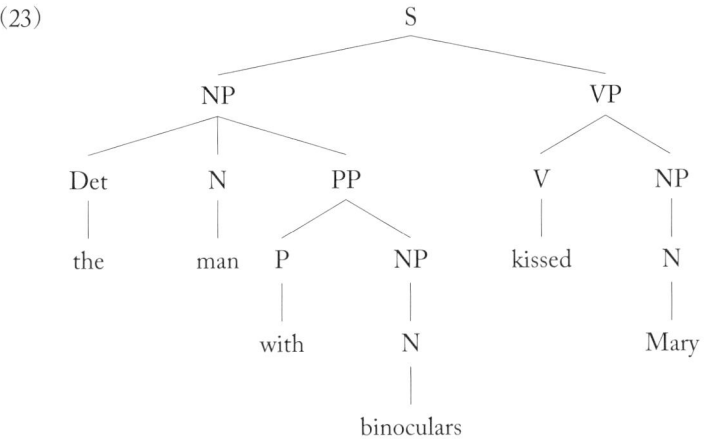

この構造に対して、(18)の意味解釈規則は正しい解釈を与えることはできない。というのは、PP の下の NP を誤って主語と解釈するからである。これらの問題点を念頭において、いったい(18)の意味解釈規則をどう改めればよいのであろうか。

上の考察から 1 つはっきりとすることは、(18)の意味解釈規則が、主語や目的語を認定するのに、V の前とか後ろといった線形順序に依拠した定式化を用いていることに問題があるということである。それでは、(18)の意味解釈規則を、階層構造に基づいて縦関係の概念を用いた定式化に代え、以下のようにしてみる。

(24)　S のすぐ下にある NP を主語と解釈し、VP のすぐ下にある NP を目的語と解釈せよ。

この意味解釈規則を与えられると、(18)の意味解釈規則では問題であった(19)や(23)の構造に対して、正しい意味解釈を与えることが可能となる。すなわち、(19)では、VP のすぐ下にある 2 つの NP が目的語と認定され、(23)では the man with binoculars 全体の NP が正しく主語と認定される。このように、ある規則が線形順序に言及せず、階層構造に基づいた縦関係の定式化を要求する場合、これを規則の「**構造依存性**(structure dependence)」と称する。これは、統語部門の中でとりわけ興味深い特徴で、後に第 3 章で紹介する変形規則も同じ特徴を示し、極言すれば、統語構造に適用するあらゆる規則がその階層構造を見て適用すると言える。

(24)の意味解釈規則は上に指摘した問題点をうまく解決するとはいえ、なお 1 つの重大な欠陥を抱えている。それは、主語や目的語が相対的な概念であるということが(24)には組み込まれていないことである。「相対的な」というのは、これらの概念が「〜の主語」とか「〜の目的語」というように、ある別のものとの関係において捉えられるということである。したがって、(24)の意味解釈規則は厳密には以下のように改められなければならない。

(25)　Sのすぐ下にあるNPをそのSの主語と解釈し、VPのすぐ下にあるNPをそのVPのVの目的語と解釈せよ。

こうすると、たとえば、(23)のSの下のNPはそのSの主語と解釈され、VPの下のNPはkissedというVの目的語と解釈される。このように改める必要性は、Sの中にまた別のSが埋め込まれている文において、それぞれのSに主語と目的語が存在する場合によりはっきりとする。これについては、後述する。以上のことから、これらの主語や目的語といった概念は、「～の主語」とか「～の目的語」と規定される点で、文の意味関係を表していると言える。

　また、主語NPやVの目的語NPの他にも、VPやPP、そしてPに後続するNPについてもそれがどう解釈されるかについて規則を述べる必要がある。その意味解釈規則の立て方はいろいろ考えられるが、ここでは、以下のように定めておく。

(26)a.　Sのすぐ下のVPをそのSの述語と解釈せよ。
　　b.　VPのすぐ下のPPは、そのVPのVの修飾語、そして、NPのすぐ下のPPは、そのNPのNの修飾語と解釈せよ。
　　c.　PPのすぐ下のNPは、そのPPのPの目的語と解釈せよ。

この意味解釈規則によって、たとえば、(23)では、kissed Maryを含むVPはSの述語と解釈され、主語NPの下のPPは、manというNの修飾語と解釈され、さらにPPの下のNPは、withというPの目的語と正しく解釈される。また、(20)では、VPのすぐ下のPPは、Vの修飾語と解釈される。

　これまで、PPはVPもしくはNPの下に現れ、そのVやNを修飾するケースしか扱ってこなかったが、実際には、Sを修飾するPPが存在する。上の(17b)(下に再掲)と(28)の文を比較せよ。

(27) John wrote a letter to Mary.
(28) John wrote a letter in the morning.

この 2 つの文のそれぞれの PP to Mary と in the morning の意味的働きに着目した場合、to Mary が V を修飾しているのに対して、in the morning が John wrote a letter という出来事の起きた時間を表しているという点で、その文全体を修飾していると考えられる。後者については、in the morning を文頭に持ってきて、In the morning, John wrote a letter. とも言えることから、文全体を修飾していると考えるのが妥当である。これが正しいとなると、(27) の to Mary は、VP の中に現れ、(26b) の意味解釈規則によって正しい解釈を受けることになるが、(28) の in the morning については同じ扱いをすることはできない。このことは、PP が出てくる位置として、VP 内のみならず VP の外、別の言い方をすれば S のすぐ下にも設ける必要があることを示している。したがって、上で仮定した句構造規則 (16a, b) は、以下のように修正される必要がある。

(29) a. S   → NP VP (PP)
　　 b. VP → V (NP) (NP) (PP)

これに伴い、以下に掲げた意味解釈規則を追加する必要がある。

(30) S のすぐ下の PP は、S 全体の修飾語と解釈せよ。

【問題 2】(29) の句構造規則を使って、(28) の句構造を樹形図で書き表せ。また、その句構造から (30) の解釈規則に従って、PP が正しい解釈を受けるか確かめよ。

以上、PP には VP の下に現れるものと S の下に現れるものが存在するこ

とを示した。PPをこのように2つに分ける基準は、主にその意味的働きに基づいていたが、この意味的働きに依存するというやり方は、その基準の曖昧性を排除しきれず、さまざまな働きを持ったPP(たとえば、場所を表すPP、手段を表すPP等々)が与えられた時、それぞれがいったいどちらのPPに属するのかを決定するのは容易なことではない。これに対して、PPをこのように2つに分けるより明確で直接的な別の基準が存在する。これは、「統語的基準」と名付けることができる。この基準は、問題となっている要素(ここではPP)をある特定の性質を持った構文で用いた場合、どういった統語的振る舞いをするかによって、ふるいにかけるものである。前節で、句構造にはVPが存在することを動機づけるものとして、do so という代用表現が存在することを述べたことを思い出してほしい。この do so 表現は前に出てきた文のVPの部分と同じ内容を持つ代用表現である。たとえば、(12)(以下に再掲)では、did so が前の文のVPに相当する kissed Mary を表している。

(31) John kissed Mary and Bill *did so*, too.

この do so 表現の特性を用いてPPを2つに分けることができる。なぜなら、もしあるPPがこの do so が指し示すものの中に含まれるのであれば、このPPはVPの中に存在することになり、もし含まれないのであれば、VPの外にあることになるからである。このように、ある構文の統語的性質を基準として、ある要素の統語的ステータス(たとえば、構造上どの位置に現れるのか)を調べることを「**統語テスト**」と呼ぶ。

【問題3】以下に掲げるデータを参考にして、do so 構文による統語テストによって、in the morning, in the afternoon, to Mary, to Harriet というPPがVP内のPPかVP外のPPかを示せ。

(32) a. John wrote a letter in the morning and Fred did so in the afternoon.
　　b. John wrote a letter to Mary and Fred did so, too.
　　c. *John wrote a letter to Mary and Fred did so to Harriet.
　　　　　　　　　　((32a, c)は Jackendoff(1990, p. 453)からの引用)

2.3　助動詞を持つ節と助動詞を持たない小節

　次に助動詞(auxiliary、略して Aux)について解説する。これまで、S は大きく NP と VP に分かれることを示してきたが、下に掲げるような助動詞を含む文はいったいどういう構造を持っているのであろうか。

(33)　John can sing.

まず真っ先に問題となるのは、can のような助動詞が VP の中に含まれるのかどうかということであろう。これは、統語テストによって簡単に調べることができる。例によって、do so 構文を使ってみる。

(34)　John can sing and Bill can *do so*, too.

この構文から明らかなように、助動詞は VP の外側に位置する。よって、(33)の句構造は以下のようであると考えられる。

(35)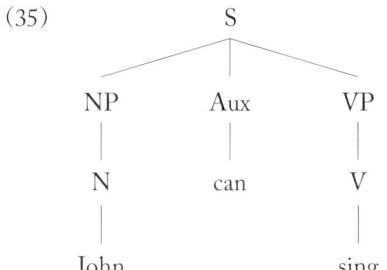

このように、do so 構文を使った統語テストによって、他にどんな要素が助動詞に分類されるかを決定することができる。そうすると、いわゆる学校文法において助動詞と言われているもの（will, may, must, should 等々）が、このクラスに属することがわかる。他にも、助動詞かどうかを見極める統語的基準が少なくとも2つ存在する。それは以下の通りである。

(36) a.　疑問文において、主語の前に移動する要素。
　　　b.　否定文において、主語と not の間に位置する要素。

これらの基準に従っても、たとえば can は Aux に分類されることは次の例から明らかである。

(37) a.　Can John sing?
　　　b.　John can not sing.

　以下の議論でも、これらの統語的基準を採用していくが、そうするといくつかの興味深い問題に直面することになる。上の統語的基準に従った場合、以下に掲げる be 動詞を含む文はどのような構造を持っているであろうか。

(38) a.　John is a gentleman.

b. John is happy.
c. John is in the room.

(36)の統語的基準に従えば、be動詞は疑問文にした場合前に移動し、また否定文ではnotの前に位置するので、Auxに分類されるべきである。そうすると、(38)の文は(39)に掲げた句構造規則により、(40)に与えられた構造を持つことになる。((39)のAPは形容詞句(Adjective Phrase)を表している。)

(39) a.　S　→　NP Aux NP/AP/PP
　　 b.　Aux　→　*be*

(40) a.

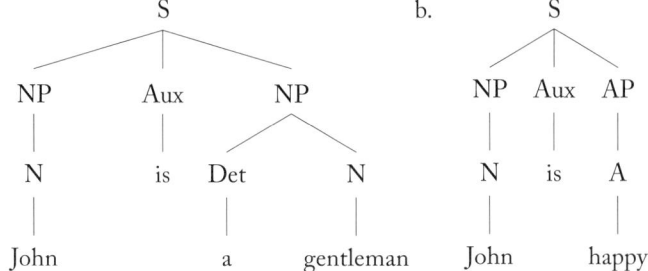

c.

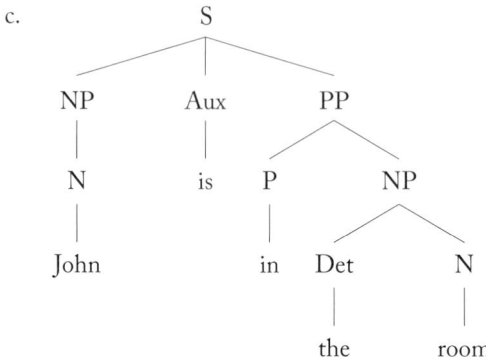

ところが、正真正銘の助動詞と共起した場合はどうであろうか。

(41)　John can be happy.

この文に対応する疑問文と否定文はそれぞれ以下のようになる。

(42) a.　Can John be happy?
　　 b.　John can not be happy.

このことからわかることは、(41)において Aux として働いているのは can であり、be は動詞として振る舞っているということである。そうすると (41)は(43)の句構造規則に基づいて、(44)の構造を持つことになる。

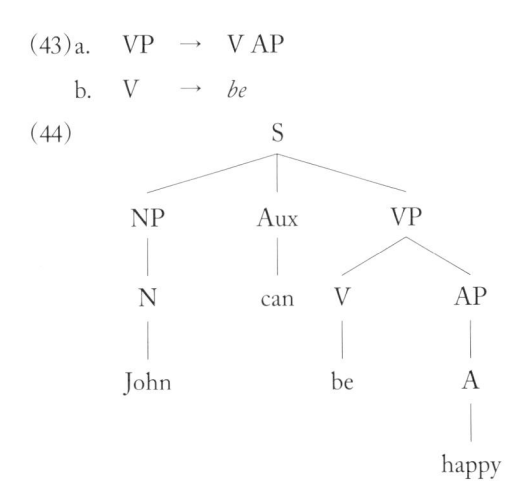

(43) a.　VP　→　V AP
　　 b.　V　→　*be*

(44)
```
              S
      ┌───────┼───────┐
      NP      Aux      VP
      │       │      ┌──┴──┐
      N       can    V     AP
      │              │     │
      John           be    A
                           │
                           happy
```

以上のことから明らかなように、(36)に掲げた統語的基準を採用する限り、be 動詞は Aux である場合と V である場合の両方を認める必要がある。これは当然 be 動詞の扱いとして 100 パーセント満足のいく捉え方ではないが、ここではこれ以上踏み込まないことにする。
　実際、問題はこれに止まらない。もう一度統語構造が何のために存在する

のかを思い起こしてほしい。それは、与えられた文の意味を構造から意味解釈規則によって正しく読み取るためであった。(25)–(26)で規定した意味解釈規則のうち be 動詞構文に関わってくるものを以下に再掲する。

(45)a. S のすぐ下にある NP をその S の主語と解釈し、VP のすぐ下にある NP をその VP の V の目的語と解釈せよ。
　　b. S のすぐ下の VP をその S の述語と解釈せよ。
　　c. VP のすぐ下の PP は、その VP の V の修飾語と解釈せよ。

これらの意味解釈規則が(40)の句構造に正しく適用できないことに注目してほしい。まず、(45a)の前半に述べられた「S のすぐ下にある NP をその S の主語と解釈せよ」という規則を文字通り適用すると、(40a)では主語が文の中に 2 つ存在することになってしまう。また、(45b)では述語と解釈されるのは VP に限定しているために、(40a, b, c)には述語が存在しないことになってしまう。(40)の構造から正しくその意味を導き出すためには、Aux の前の NP を主語と認定し、Aux の後の句を述語と認定する必要がある。そうすると主語・述語の認定を以下のように改める必要がある。

(46)a. S のすぐ左下にある NP をその S の主語と解釈せよ。
　　b. S のすぐ右下の XP をその S の述語と解釈せよ。
　　　（ここで XP はあらゆる種類の句を指し示すこととする。）

このようにすれば、(40)の句構造から正しい意味を導き出せることを確認してほしい。
　しかしながら、今度はこの新しい意味解釈規則を(44)の構造に当てはめてみると、依然として問題が残る。(46b)に従えば、(40b)では happy に相当する AP が述語の働きをしていることになるのに対して、(44)では be happy に相当する VP がこの文の述語であることになる。しかし、(38b)と(41)の

文を比較して、述語の働きをしている部分が両者で異なるとするのはどう考えても言語直感に反する。be 動詞は、主語と述語を連結している働きをしているだけで(ちなみに、このような理由から be 動詞は連結詞(copula)と呼ばれる)それ自身意味を持たないとすれば、(44)において、be happy が構造上述語の働きをしていると認定されたとしても、be の連結詞としての特殊性から、結局 happy が述語の働きを担うことになると言えるかも知れない。しかしながら、このような特別扱いを必要とする以上、問題がうまく解決されているとは言い難い。同様の問題は、(38a, c)と以下の文の間でも発生する。

(47) a.　John can be a gentleman.
　　 b.　John can be in the room.

この問題については、現在与えられた枠組みの中で解決する適当な方法は見当たらないので、問題のまま残しておくことにし、(46)の意味解釈規則を以下仮定していくことにする。

> 【問題4】(47a, b)の句構造を樹形図で表せ。そのうえで、(45a)の後半部分と(45c)の意味解釈規則では、これらの句構造から正しい意味が導き出されないことを確かめよ。(ここで発生する問題も、問題のままに残しておく。)

疑問文や否定文での統語的振る舞いに基づく Aux の定義付けは、以下のような助動詞を含まない一般動詞が出てくる場合、新たな問題を生み出す。

(48) a.　John loves Mary.
　　 b.　John saw Mary.

これらの文において、Aux に相当するのはどの部分であろうか。それを決定するためには、それらの文に対応する疑問文や否定文を作ってみればよいのだが、予期せぬ形が現れる。

(49) a. Does John love Mary?
　　 b. Did John see Mary?
(50) a. John does not love Mary.
　　 b. John did not see Mary.

これらの文において、Aux の働きをしているのは定義上 does と did であることは明らかであるが、いったいなぜ疑問文や否定文にすると do の現在形や過去形が突然現れるのであろうか。また、これらの疑問文や否定文の形から、(48)の文ではどの部分が Aux の働きをしているとわかるであろうか。疑問文や否定文においてなぜ do が挿入されるかについては、次章の変形規則のところで扱うことにして、この「do 挿入」を(49)と(50)の文から差し引いて考えると、1 つはっきりすることがある。それは、(48)では、動詞自身に時制の形が含まれているのに対して、(49)と(50)では、その 2 つが「love＋現在形」、「see＋過去形」というふうに分解されていることである。さらに、その 2 つに分解されたもののうち、Aux として振る舞っているのは現在形と過去形の部分であることがわかる。以上の考察に基づいて、(48)の平叙文でも Aux の働きをしているのは、これらの時制の部分であると結論づけられる。したがって、(48)のそれぞれの文は以下のような構造を持つと考えられる。(これらの構造において Pres(ent)は現在形を、そして Past は過去形を表している。)

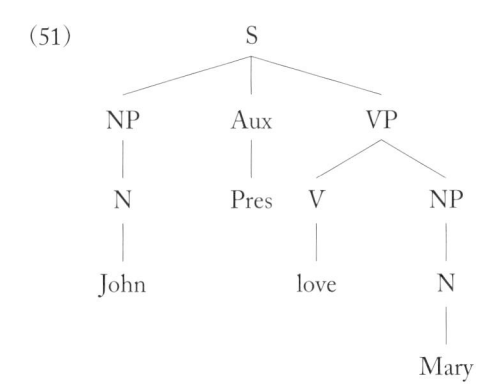

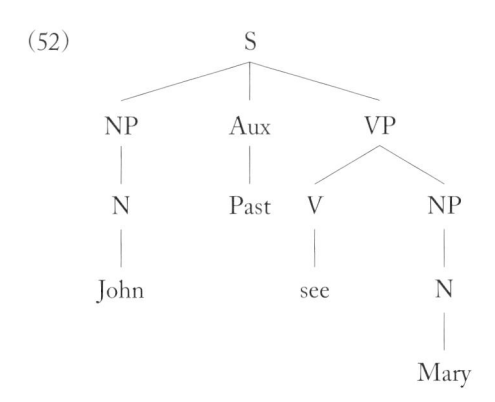

(51)
```
            S
   ┌────────┼────────┐
   NP      Aux       VP
   │        │      ┌──┴──┐
   N       Pres    V     NP
   │        │      │     │
  John            love   N
                        │
                       Mary
```

(52)
```
            S
   ┌────────┼────────┐
   NP      Aux       VP
   │        │      ┌──┴──┐
   N       Past    V     NP
   │        │      │     │
  John            see    N
                        │
                       Mary
```

これらの構造から、Pres と love がくっ付いて loves になり、Past と see がくっ付いて saw になるのだが、この要素をくっ付けるという操作については次章の変形規則のところで扱う。

これまでいろいろな文型を扱ってきたが、1 つ重要な文型を残したままになっている。それは、いわゆる SVOC 文型についてである。その代表例が以下のような「見える」、「聞こえる」等を意味する動詞を伴った知覚構文である。

(53) a. I saw him run.

b. I heard him go out.

これらの文の句構造はいったいどのようなものであろうか。この文型の最大の特徴は、OC の部分が主語–述語の関係にあるということである。したがって、たとえば、(53a) が意味しているのは、「私は彼が走るのを見た」となり、him はその目的格という形を見れば動詞 see の目的語のようであるが、意味的には、run の主語として働いていることがわかる。さらに、him run がひとかたまりとして文に相当する働きをし、それ全体が see の目的語の働きをしている。同様の分析が (53b) にもあてはまる。上で文には Aux が含まれることを述べてきたが、him run や him go out の部分には Aux に相当するものが見当たらないし、さらに Aux に相当するものがこの部分に生起することは許されない。(たとえば、can、may、must などの助動詞はこの部分に出てこれないし、時制を表す要素も生起できない。) このように、Aux を持たない S のことを、通常の Aux を持つ節に対して、**小節**(**small clause**、略して SC) と呼ぶ。以上の事実観察に基づけば、(53a) の文は、(54) の句構造規則を付け足すことによって、(55) のようになる。

(54)   VP   →   V SC

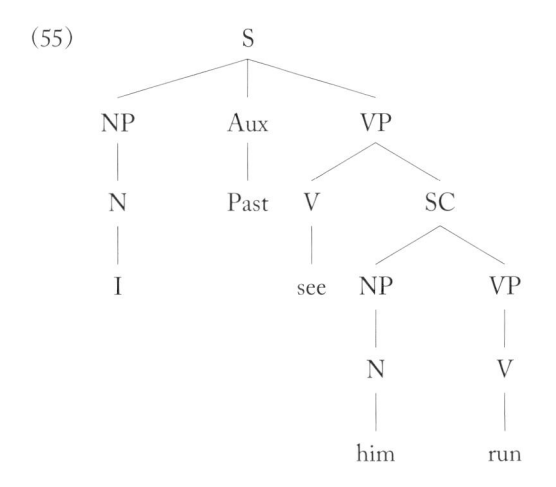

(55)
```
              S
      ┌───────┼───────┐
      NP     Aux      VP
      │       │    ┌───┴───┐
      N      Past  V       SC
      │             │   ┌───┴───┐
      I            see  NP      VP
                        │       │
                        N       V
                        │       │
                       him     run
```

例によって、この構造から意味解釈規則によって正しい意味が導き出されるかを確かめる必要がある。まず、主語と述語を認定する意味解釈規則は(46)に述べられているが、Sについて述べられたものがそっくりそのままSCにも当てはまるとすると、(46)を以下のように書き換えることができる。

(56) a. S(C)のすぐ左下にあるNPをそのS(C)の主語と解釈せよ。
　　 b. S(C)のすぐ右下にあるXPをそのS(C)の述語と解釈せよ。
　　　　（ここでXPはあらゆる種類の句を指し示すこととする。）

この意味解釈規則によって、NPのIはSの主語、VPのsee him runはSの述語、さらにNPのhimはSCの主語、VPのrunはSCの述語と正しく解釈される。また、目的語に関してであるが、(45a)においては、NPのみが目的語の解釈を受けるように定式化されているが、これをSやSCなどの文にも拡張すれば、以下のように改められる。

(57)　VPのすぐ下にあるNP、S、SCをそのVPのVの目的語と解釈せよ。

こうすれば、(55)において SC 全体が正しく動詞 see の目的語であると認定される。

このようにして、(53a)の文は(55)の句構造を介して正しい意味を付与されることができるが、(55)の構造には1つ大きな問題点が残っている。それは、him が(55)の構造において主語の働きをしている位置に生起しているにもかかわらず、なぜ目的格の形をしているのかということである。代名詞の格の形については、今扱っている SVOC 構文を除けば、主語の働きをしているものは主格の形を取り、目的語の働きをしていれば目的格の形を取るというふうに簡単に取り扱うことができる。この格の形に着目すれば、この構文の O に相当する部分は、文字通り目的語の働きをしているように見える。したがって、この構文では、格の形と意味的働きとの間に齟齬をきたしているという見方も成り立つ。

この問題に対する生成文法の扱い方は、その時代の理論的背景に応じていろいろと変化してきているが、結局は2つの特性のうちどちらかを基本と考え、他方を例外的として扱ってきたと言えよう。Chomsky(1955, 1957)においては、格の形から目的語の働きを基本と考え、意味的には、SVOC の V と C が複合述語として機能し、O がその目的語として働いていると分析された。現在では、その逆の扱いをしている。すなわち、O が意味的に C の主語の働きをしているということを基本にして、それが目的格を取ることについては例外的に扱うというスタンスになったのである。これが、この構文を**例外的格付与構文**(Exceptional Case Marking Construction、略して ECM Construction)と呼ぶ所以である。もっとも、理論的観点からすれば、この例外的振る舞いをいかに一般的なメカニズムから導き出すかということが1つの大きな目標になったのではあるが。ここでは、この立場を踏襲して(55)の構造を仮定し、なぜ SC の主語が目的格の形を取るのかについてはここでは触れないでおく。

【問題 5】以下の文に対応する句構造を樹形図を使って書き表せ。また、意味解釈規則を用いて、どの部分が主語・述語・目的語の働きをしているか説明せよ。

(58) a.　I found him a job.
　　 b.　I found him a genius.

2.4　発音されない代名詞 PRO

　前節で扱った SVOC 構文では、動詞が目的語節を従えることによって、その節の中で OC が主語 – 述語の関係と解釈される構造を持っていることを述べた。結果として、この構文では、主語 – 述語の関係にあるものが、主節と目的語節にそれぞれ 1 組ずつ存在することになる。そして、その場合、これまで見てきた例同様、主語と述語の間には 1 対 1 対応が見られ、同じ S または SC のすぐ下にある NP と XP がこの関係を担っている。これとは対照的に、英語には表面上 1 つの主語に対して 2 つの述語が結び付いているように思われる例がある。たとえば、次の例を考えてみる。

(59)　I tried to stand on my head.

この例において、主語 I は try の主語であると同時に stand on my head の主語の働きも担っている。この意味を正しく捉えるためには、(59) にどのような句構造が与えられ、それにどのように意味解釈規則が適用するのであろうか。
　この問いに対しては、生成文法の歴史の中でいくつかの異なった解決法が提案されてきたが、ここでは現在最も標準的な解決法を紹介する。それは、to 不定詞が表す述語 (上の例では、stand on my head) の主語に PRO と呼ば

れる発音されない代名詞を仮定するものである(PROは代名詞を意味する英語 pronoun の頭文字を取ったもの)。こうすることによって、この PRO をその述語の構造上の主語とし、後は PRO に対する解釈規則によって「この代名詞は主節の I を指し示す」ものと解釈させることによって、結果的に主節の主語が「一人二役」を演じるようにするものである。このやり方に従えば、(59)の構造は、前節の(54)で仮定した句構造規則を一般化した(60)を使って、以下のように表すことができる。

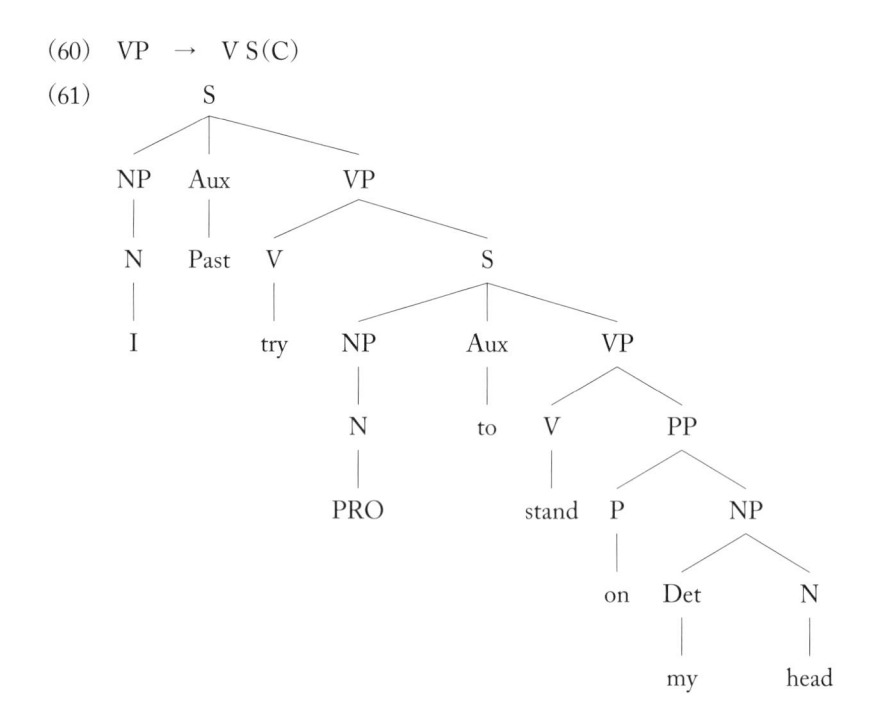

(60)　VP　→　V S(C)

(61)

```
                    S
         ┌──────────┼──────────┐
        NP         Aux         VP
         │          │      ┌────┴────┐
         N         Past    V         S
         │          │      │    ┌────┼────┐
         I         try    NP   Aux       VP
                           │    │    ┌────┴────┐
                           N   to    V         PP
                           │          │    ┌────┴────┐
                          PRO       stand  P         NP
                                           │     ┌────┴────┐
                                           on   Det        N
                                                 │         │
                                                my       head
```

この構造において、to 不定詞の to は Aux に属するものとされているが、これは以下に示された「do so テスト」によって明らかである。

(62)　John stood on his head. Mary also tried to do so, but she failed.

これまで do so は前に出てきた文の VP を指し示すということを述べてきたが、その基準に従えば、to 不定詞の to は VP の外で左側にあることになり、Aux であると考えるのが最も自然である。(しかしながら、(36)にあげられた基準では to が Aux であるかどうかは、はっきりしない。というのは、疑問文で to が前置されることはあり得ず、また否定文においては、I tried not to laugh. と言えるからである。)また、意味的にも、前節で時制を表す要素が Aux に属することを述べたが、to 不定詞の to も「時制を持たない」ことを表している点で、Aux と考えるのが自然である。こう仮定すると、to 不定詞を含む節は Aux を含むことになるので、SC ではなく S ということになる。(61)では、to 不定詞の主語に PRO が置かれている。これまでの意味解釈規則に従えば、PRO は VP の stand on my head と主語－述語の関係にあると認定される。さらに、この発音されない代名詞に対する解釈規則(この内容については、後に簡単に触れる)によって、この代名詞が主節主語の I を指し示すと認定されれば、この主節主語が VP の stand on my head と主語－述語の関係にあることが間接的に捉えられる。

　このことを念頭に置きながら、次の 2 つの文の統語構造を考えてみる。

(63) a.　I persuaded a specialist to examine John.
　　 b.　I expected a specialist to examine John.　　(Chomsky 1965, p. 22)

この 2 つの文は、表面上、主節の動詞 persuade と expect が異なるだけで残りは全く同じである。にもかかわらず、この 2 つの文の背後にある統語構造は異なると考える理由がある。それは、これらの主節動詞を核とする文全体の意味の違いに起因するものである。persuade は「誰かが誰かに～するよう説得する」という意味を持ち、その文には、説得する人、説得される人、そして説得の内容という 3 つの部分が関わっている。それに対して、expect は「誰かが～を期待する」という意味で、その文には期待する人と期待の内容の 2 つの部分が関わっている。

【問題6】これらの意味関係を意味解釈規則から正しく読み取れるように、(63)のそれぞれの句構造を樹形図を用いて表せ。

(63a)の句構造ではVPのすぐ下にNPとSが存在し、意味解釈規則によってこれら2つの範疇は動詞persuadeの目的語と解釈される。このSの主語はPROであり、PROの解釈規則によってこの場合は目的語のa specialistを指し示すことになる。結果として、「私は専門医を説得してその専門医がジョンを診察するようにした」という正しい意味解釈が得られる。PROの解釈規則がはっきりと述べなければならないことは、(63a)の句構造ではPROは主節の主語ではなく目的語を指し示し、(61)では主節の主語を指し示すということである。必要とされる解釈規則は、簡潔に言えば、次のようになる。

(64) PROは同一文内でそれより前に出てきたNPのうち、最も近くにあるNPを指し示せ。

この解釈規則に従えば、(63a)では、PROより前に出てきているNPは、主節主語のIと目的語のa specialistであるが、このうち目的語NPの方がPROに近いので、このNPをPROが指し示すことになる。それに対して、(61)では、PROより前に出てくるNPは主節主語のIしか存在しないので、必然的にPROはこのNPを指し示すことになる。

　一方、(63b)の句構造では、VPのすぐ下にはVとSしかなく、したがって、このSのみが動詞expectの目的語と認定される。この構造では、a specialistがこのSの主語として働いていることに留意してほしい。この構造から結果として、「私は専門医がジョンを診察することを期待した」という意味が導き出される。この(63b)の構造が上で述べたSVOC構文と構造上の類似性を有していることに着目してほしい。とりわけ、動詞のすぐ後に出てくるNPのa specialistが一見すると目的語のように思われるが、実はそう

ではなく後の節の主語として働いている点で、類似性が際立っている。ちなみに、このNPも代名詞に置き換えると以下の例に示すように目的格を取ることから、この構文も例外的格付与構文と呼ぶことができる。

(65) I expected him / her to examine John.

以上、persuadeとexpectを含む文が持つ意味関係を明らかにすることによって、それらの統語構造がいかなるものであるかを考察した。これとは別個に、統語的基準を用いてもそれぞれの統語構造を動機づけることができる。たとえば、能動文と受動文の関係を考えてみる。通常、以下の例が示すように、能動文とそれに対応する受動文はほぼ同じ意味を表していると言われる。

(66) a. A specialist examined John.
 b. John was examined by a specialist.

それはなぜかと言えば(この詳細については次章の変形規則のところで扱う)、能動文とそれに対応する受動文は、表面上の違いにも関わらず、それぞれの文の意味関係が相等しくなっているからである。すなわち、能動文の主語の働きをしているものは、受動文ではbyによって導かれる句に意味的に対応し、能動文の目的語の働きをしているものは、受動文では主語の位置にあるNPに意味的に対応している。

この能動文と受動文の対応関係を基準として、persuadeとexpectのそれぞれの句構造に以下のような統語テストを施すことが可能である。まず、expectの構造において、expectの後のa specialist to examine Johnの記号列に相当する部分はexpectの目的語節を成しているので、(66)の場合と同様、その目的語節に対応する受動節を作ることが可能であり、かつそのように受動節で置き換えても意味は変わらないはずである。a specialist to examine

John に対応する受動節はちょうど(66b)のように John が主語の位置にあって a specialist が by の目的語として文末に置かれ、John to be examined by a specialist となる。この節で(63b)の目的語節を置き換えたのが以下の文である。

(67)　I expected John to be examined by a specialist.

この文は事実として予測通り(63b)とほぼ同じ意味を持っていると言われる。よって、このことから、expect の後の a specialist to examine John の記号列がひとかたまりの目的語節を成していることが統語的に動機づけられたことになる。
　一方、persuade の構造においては、persuade の後の a specialist to examine John の記号列は1つのまとまった節をなしてはいない。よって expect の場合のようにこの記号列に対応する受動節をこの記号列の代わりに置き換えたとしても、同じ意味の文にはならないはずである。この予測も正しいことがわかる。すなわち、受動節で置き換えられた以下の文は、言語事実として(63a)とは同じ意味を持たない。

(68)　I persuaded John to be examined by a specialist.

したがって、上の受動節のテストによって、persuade の後の部分は、expect の場合とは異なり、ひとまとまりの節は成さないことがわかる。では実際、(63a)と(68)ではどう意味が違うかであるが、それは(63a)の統語構造がまさに予測するところのものである。すなわち、(63a)では、persuade の後の NP である a specialist がその動詞の目的語として働き、「私は専門医を説得して、その専門医がジョンを診察するようにさせた」という意味になるのに対して、(68)では、John が persuade の目的語として働き、「私はジョンを説得して、ジョンが専門医によって診察されるようにさせた」という意味になる。

> 【問題7】(69)の文の句構造を樹形図を用いて表せ。さらに、上の説明を参考にしながら、なぜ(70b)は(69b)とほぼ同じ意味になり、なぜ(70a)は(69a)と意味が異なり、さらにこの場合には非文法的な文になっているのかを説明せよ。
>
> (69) a. I persuaded John to abandon the plan.
>   b. I expected John to abandon the plan.
> (70) a. *I persuaded the plan to be abandoned by John.
>   b. I expected the plan to be abandoned by John.

2.5 構造的同音異義

これまでを総括すると、文の意味を正しく導き出すためには、その背後にある階層構造と、その構造に基づいた意味解釈規則が必要であることを見てきた。このことは、表面上は語の並びが似通った(58)や(63)の文の対を分析する際に、より顕著となる。すなわち、表面上は語の並びが似通っているにも関わらず、それぞれの文が表す意味関係が異なっているのは、その背後にある統語構造の差異に帰せられるということである。これとは別のパターンで統語構造の必要性を端的に表す例がある。それは、1文で2つの意味を有し、その両義性が単語の意味の両義性に還元できないような例である。たとえば、以下の英文は、(72)に示す2つの意味に解釈できる。

(71)　　The woman saw the man with binoculars.
(72) a.　その女性は双眼鏡でその男性を見た。
　　 b.　その女性は双眼鏡を持ったその男性を見た。

Chomsky(1955, 1957)は、(71)のような文を**構造的同音異義**(constructional homonymity)を持った文と名付けている。(71)の文が(72)のどちらの意味を

も表すことができるのは、その文の背後にある統語構造の違いに帰せられる。すなわち、この文の動詞 see の後に来る記号列をひとかたまりの構成素とみなすのかそれとも 2 つの構成素からなるとみなすのかによって、(72)のそれぞれの意味に対応する統語構造を作り出すことができる。このような構造的同音異義の文は、ただ単にその表面上の語の並びだけを見ていてはなぜ 2 つの意味を持つことができるのか理解することはできず、その理解のためにはどうしても、その背後にあって語の結び付き方を表す統語構造が必要であることを最も端的に表している。

【問題 8】(71)の文について、(72)のそれぞれの意味に対応する句構造を樹形図を用いて表せ。また、その統語構造に意味解釈規則が適用して正しい意味が導き出されることを確かめよ。((26b)の意味解釈規則を参照のこと)

【問題 9】以下の例はすべて構造的同音異義の文である。それぞれの文の 2 つの意味に対応する句構造を樹形図を用いて表せ。また、その統語構造に意味解釈規則が適用して正しい意味が導き出されることを確かめよ。

(73)　　Flying planes can be dangerous.　　(Chomsky 1955, p. 215)
　　a.　飛んでいる飛行機は危険でありうる。
　　b.　飛行機を飛ばすことは危険でありうる。
　　　（ヒント：(73a)に対応する構造では、flying を形容詞 A とみなし、以下の(75)の句構造規則を用いよ。また、(77)の意味解釈規則を参照せよ。(73b)に対応する構造では、主語を文 S とみなし、以下の(76)の句構造規則を用いよ。その際、flying の –ing は to 不定詞の to と並行的に扱い、Aux と考えよ。）
(74)　　I found the boy studying in the library.　　(Chomsky 1955, p. 297)
　　a.　私はその少年が図書館で勉強しているのを発見した。

b.　私は図書館で勉強しているその少年を発見した。
　　　　（ヒント：(74a)に対応する構造は上で扱ったSVOC構文の構造である。(74b)に対応する構造では、(75)の句構造規則と(77)の意味解釈規則を用いよ。）
(75)　　NP　→　(Det)(AP)N(PP)(S)
(76)　　S　→　S Aux VP
(77)　　NPのすぐ下のAP、PP及びSは、そのNPのNの修飾語と解釈せよ。

2.6　まとめ

　最後に、これまで取り扱った統語構造とそれに対する意味解釈のまとめとして、そのために必要とされた句構造規則と意味解釈規則を以下にまとめて載せておく。

〈句構造規則〉
(78) a.　S　→　NP/S Aux VP(PP)
　　 b.　S　→　NP/S Aux AP/NP/PP（Auxがbeの場合）
(79) a.　VP　→　V(NP)(NP)(PP)(S(C))
　　 b.　PP　→　P NP
　　 c.　NP　→　(Det)(AP)N(PP)(S)

〈意味解釈規則〉
(80) a.　S(C)のすぐ左下にあるNPまたはSをそのS(C)の主語と解釈せよ。
　　 b.　S(C)のすぐ右下のXPをそのS(C)の述語と解釈せよ。
　　　　（ここでXPはあらゆる種類の句を指し示すこととする。）
(81)　　VPのすぐ下にあるNP、S、SCをそのVPのVの目的語と解釈し、PPのすぐ下のNPは、そのPPのPの目的語と解釈せよ。

(82) VPのすぐ下のPPは、そのVPのVの修飾語と解釈し、NPのすぐ下のPP、AP及びSは、そのNPのNの修飾語と解釈せよ。

(83) Sのすぐ下のPPは、S全体の修飾語と解釈せよ。

(84) PROは同一文内でそれより前に出てきたNPのうち、最も近くにあるNPを指し示せ。

第 3 章　変形規則とは？

3.1　深層構造と変形規則

　前章では、文に相当する音連鎖に正しい意味解釈を施すために統語構造が重要な働きをしていることを示してきた。とりわけ、表面的には似通った単語の羅列を成しているものが、その背後に異なった統語構造を持つために、その反映として異なった意味解釈を受けることを示してきた。本章では、表面上の単語の羅列に基づいて統語構造を作った場合、その構造から正しい意味解釈が導かれるようには思われない場合を考察し、それをチョムスキーの生成文法においてどう扱われてきたかを概説する。

　まず、そのようなケースの代表例として次の疑問文を考えてみる。

（1）　Who will John see?

この文とそれに対応する平叙文 John will see Mary. を比べてみると、この文が以下の 2 点において特殊な語順を成していることがわかる。

（2）a.　who は see の目的語と解釈されるにもかかわらず、文頭に置かれて

b. 平叙文では、主語 NP の後にあるべき Aux がその前に置かれている。

これらの事実が示唆していることは、ある特殊な構文においてはその表面上の語や句の並びがいわゆる「標準的な構造」からずれていること、またその結果としてその表面上の構造が必ずしも主語・述語・目的語・修飾語等の構造から得られる意味関係を正しく表していないことである。こういった事実を捉えるために、Chomsky(1965)が提唱した統語部門のモデルは、**深層構造**(deep structure, 略して DS)、**表層構造**(surface structure, 略して SS)、**変形規則**(transformational rule)という概念を導入した、以下のようなものであった。

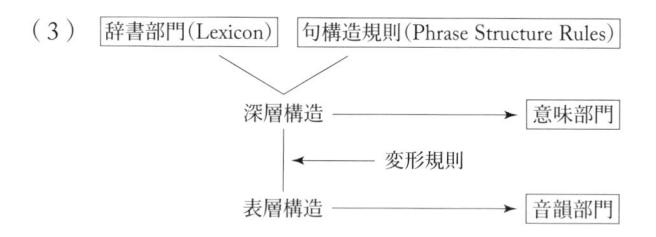

（３）　辞書部門(Lexicon)　　句構造規則(Phrase Structure Rules)

　　　　　　　　深層構造 ─────→ 意味部門
　　　　　　　　　　│←── 変形規則
　　　　　　　　表層構造 ─────→ 音韻部門

このモデルがまず言わんとしていることは、1つの文(厳密に言えば文に相当する音連鎖)が深層構造と表層構造の2つの構造を持っているということである。深層構造は、前章で述べた句構造規則によって構築された句構造に辞書部門から適当な語彙を挿入することによってできあがったものである。この深層構造の最大の特徴は、その構造が文の中核的意味(どれが主語・述語・目的語・修飾語に相当するかについての意味関係)を直接に反映した構造であるということである。そして、上で見たような表面上の構造がここで言う深層構造に対応していない場合を捉えるために、このモデルでは、深層構造からその構造をデフォルメするような変形規則を介して表層構造が得ら

れる。第 1 章で統語部門の最大の役割が音と意味の橋渡し役であることを述べたが、このモデルでは、その役割が 2 つの構造によってそれぞれ分担されていることになる。深層構造は、文の中核的意味を直接に反映する構造であるので、文の意味解釈は意味部門においてこの構造に基づいてなされる。それに対して、文の音の連鎖を直接に反映した構造が表層構造であるので、その音形化(意味解釈と対照的に言えば音解釈ということ)は、音韻部門においてこの構造に基づいてなされる。

　このチョムスキーの提唱したモデルは、それ以前の、たとえば構造主義言語学で典型的に行われていた構造分析が、もっぱら表面的な語の並びに依拠していたのとは対照的に、意味を直接に反映したより抽象的な構造としての深層構造を仮定した点に、その最大の特徴を見ることができる。Chomsky (1966)によれば、このモデルの原型は少なくとも 17 世紀の**ポール・ロワイヤル文法**にまでさかのぼることができ、その根底に流れる根本思想は、デカルト以来強調されてきた「言語は精神の鏡である」というものである。精神の思考を映し出す鏡としての言語は、その本源的特徴として、どの言語にも見られる普遍的な形式的特徴を有していることが期待され、上のモデルでは深層構造がまさにその役割を担うものと解することができる。他方、個々の言語は、その表出形においてそれぞれ「個性」を発揮しているが、その相違を捉えるのが変形規則であり、またその出力としての表層構造である。このように、上のモデルは、単に個別言語の文法を正しく記述するために考案された一方策というに止まらず、「言語とは何か」というより本質的な問いに対するデカルト的立場を明瞭な形で具現化したものとみなすことができる。

　さて、このモデルに基づいて、(1)の文がどう分析されるかを見る。この疑問文に対応する平叙文を考慮すれば、その深層構造は以下のようになっていると考えられる。

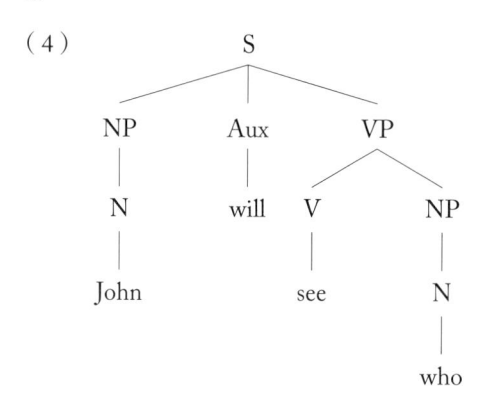

(4)
```
              S
         ┌────┼────┐
        NP   Aux   VP
         │    │   ┌─┴─┐
         N   will  V  NP
         │        │   │
       John      see  N
                      │
                     who
```

　この構造において、助動詞 will は通常の主語 NP と VP の間に置かれ、また who は動詞の目的語の定位置である VP の下に置かれている。この構造によって、この文に対して正しい意味解釈を施すことができる。また、この構造から表層構造に至り着くためには 2 つの変形操作が必要である。1 つは、主語と Aux の順番を入れ替える操作で、もう 1 つは WH 句の who を文頭に移動する操作である。この 2 つの変形規則を以下のように定式化しておく。

(5)　主語–Aux 倒置規則(Subject–Aux Inversion, 略して SAI)
　　　Aux を主語の前に移動せよ。
(6)　WH 移動規則(WH–Movement)
　　　WH 句を文頭に移動せよ。

この 2 つの変形規則によって、(1)の文の表層構造は以下の手順によって導き出される。

(7)　DS: John will see who
　　　　↓　by SAI
　　　will John see who
　　　　↓　by WH–Movement

SS: who will John see

このように、ある文が深層構造からどういう変形規則の適用を受けて表層構造にまで至ったのかを示したものを、その文の**派生**(derivation)と呼ぶ。

　他の例として、WH句を含まない文に(5)のSAIを適用するといわゆるyes–no疑問文ができる。たとえば、(8)の文は(9)に示された派生によって導き出される。

（8）　Will John leave?
（9）　DS: John will leave
　　　　　↓　by SAI
　　　SS: will John leave

ちなみに、(9)の深層構造に何も変形規則が適用しなければ、それがそのまま表層構造にも対応し、以下の平叙文が得られる。

（9）　John will leave.

以上のことから、(8)と(9)の文が同一の深層構造を持つことがわかる。その際、注意してほしいのは、深層構造が同一であるということが、そこから派生される文の意味が全く同じになるということを意味しないことである。実際、(8)と(9)では一方が平叙文であり、もう一方が疑問文であるから、全く同じ意味にならないことは明らかである。上述したように、深層構造はその文の中核的意味を捉えるための構造であり、その場合の中核的意味とは、主語・述語・目的語・修飾語等の意味関係のことを言う。この中核的意味に限って言えば、(8)と(9)は同一の意味関係を有しており、その点で両者が同一の深層構造を持っているとみなすのは妥当である。

　全く同様の理屈で、以下の否定文も(8)と(9)と同一の深層構造を持つと

考えることができる。

(10)　John will not leave.

というのは、この文においても、John が主語として働き、leave が述語として働いている点で(8)と(9)とは何ら異なる点がないからである。そうすると、(10)の表層構造を派生するためには、not を挿入する変形規則が必要となる。それを以下のように定式化する。

(11)　Not 挿入規則(*Not*–Insertion)
　　　Not を Aux の後に挿入せよ。

そうすると、(10)は以下の派生によって導き出すことができる。

(12)　DS: John will leave
　　　　　↓　by *Not*–Insertion
　　　SS: John will not leave

このようにして、(9)の平叙文とそれに対応する疑問文(8)と否定文(10)とは、上で示されたモデルにおいて同一の深層構造を与えられることによって、その中核的意味の同一性が捉えられる。さらに、それら3つの文のうち、疑問文と否定文が固有の表面形式を有していることは、それらの深層構造に固有の変形規則が働いたことによる結果として捉えることができる。

3.2　変形規則の説明力

　この文法モデルは、単に通常の言語形式から逸脱したと思われる表面形式を変形規則を用いて捉えることを可能ならしめているのみならず、それぞれ

別個に動機づけられた変形規則をある一定の条件で関係づけることによって、より広範な言語現象を説明することを可能にしている。その典型例としてよく取り上げられるのが、以下の例に示すように、いわゆる一般動詞の疑問文と否定文においてなぜ do が現れるのかという問題に対する Chomsky (1955, 1957) が提案したやり方である。

(13) a. John left.
　　b. Did John leave?
　　c. John did not leave.

上の文から明らかなように、一般動詞の平叙文では do が現れないのに対して、疑問文と否定文では do が現れている。この事実をチョムスキーは以下のように説明する。まず、(13a) の派生であるが、この文は以下に示す深層構造を持つ。

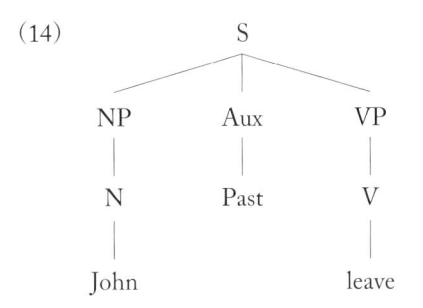

(14)
```
            S
         /  |  \
        NP  Aux  VP
        |   |    |
        N   Past V
        |        |
       John    leave
```

この深層構造から、(13a) の音連鎖にたどり着くためには、Past が leave に付加する必要がある。この付加するという要件は、Past が音形化されるためにはその支えが必要であるという事実に帰すことができる。そのような性質を持ったものを接辞(Affix)と呼ぶ。そうすると、この付加するという変形操作を以下のように定式化することができる。

（15）　接辞付加規則（Affix Hopping）
　　　　接辞を隣り合った動詞に付加せよ。

この変形規則により、(14)において、接辞の Past はその隣にある動詞 leave に付加される。その派生を示すと以下のようになる。

（16）　DS: John Past leave
　　　　　　↓　by Affix Hopping
　　　　SS: John leave+Past

ここで、+の記号で結ばれたものは、互いにくっ付いて1つの単語を成していることを表す。この表層構造が音韻部門に送られ、そこで leave+Past が left と音声化され、最終的に(13a)が得られる。
　次に、(13b, c)の派生を考察するが、この場合明らかなことは、接辞である Past が動詞に付加しているのではなく、do がその支えとなっているということである。この do を動詞に付加する変形操作を以下のように定式化する。

（17）　Do 支え規則（*Do*–Support）
　　　　do を接辞に付加せよ。

この変形規則は、(15)の Affix Hopping 同様、独り立ちできない接辞に支えを与えるための規則であり、したがって、同じ目的を持ったものである。では、いったいこの2つの変形規則をいかにして使い分けるのか。(15)に述べられた定式化では、「接辞を隣り合った動詞に付加せよ」となっているが、これは別の見方をすれば、接辞が動詞に隣り合っていない場合にはこの変形規則が適用できないことを意味する。それに対して、(17)の *Do*–Support にはそういった条件はいっさい課されていない。この特性を利用して、この2

つの変形規則の間には以下のような関係が成り立っていると仮定する。

（18）　Affix Hopping が適用できない時に限って、*Do*–Support を適用せよ。

この仮定に立てば、(14)の深層構造に対して *Do*–Support を適用することはできない。なぜなら、この環境においては Affix Hopping を適用できるからである。これによって、なぜ平叙文では、*John did leave. のように do が出てくることはないかを正しく説明することができる。
　それでは、(13b)の疑問文の派生を考えてみる。疑問文を形成するためには、(5)の SAI を(14)の深層構造に適用する必要がある。これによって、派生は以下のように進む。

（19）　DS: John Past leave
　　　　　↓　by SAI
　　　　　Past John leave

この派生段階において、接辞 Past は Affix Hopping の適用を受けることはできない。なぜなら、Past は動詞 leave と隣り合ってはいないからである。そうすると、(18)より、この接辞に *Do*–Support を適用することになる。したがって、この文の派生全体は以下のようになる。

（20）　DS: John Past leave
　　　　　↓　by SAI
　　　　　Past John leave
　　　　　↓　by *Do*–Support
　　　　　SS: do+Past John leave（do+Past は音韻部門で did と音声化される）

これによって、(13b)を正しく導き出すことができる。この場合、do が Past

の支えとなっている理由は、SAI によって Affix Hopping が適用できる環境が崩されたからと言える。

同様の説明が、(13c)の否定文にも当てはまる。この文の派生は以下の通りである。

(21)　DS: John Past leave
$\quad\quad\quad\quad$↓　by *Not*–Insertion
$\quad\quad\quad$John Past not leave
$\quad\quad\quad\quad$↓　by *Do*–Support
$\quad\quad\quad$SS: John do+Past not leave（do+Past は音韻部門で did と音声化される）

この派生においても、*Not*–Insertion が深層構造に適用することによって、Past が leave と隣同士ではなくなり、その結果 Affix Hopping が適用できず、最終手段として *Do*–Support が認められることになる。このように、(18)を仮定することによって、なぜ平叙文では do が生起しないのに対して、疑問文や否定文では do が生起するのかを正しく説明することができる。

この説明に対してさらなる確証を与える事実が存在する。それは、あるタイプの省略構文においても do が生起するというものである。以下のデータを考察する。

(22) a.　John will see Mary and Bill will too.
$\quad\quad$b.　John saw Mary and Bill did too.

まず、ここで問題とする省略構文の派生を(22a)を使って説明する。この文は and で 2 つの文が結ばれているが、そのうち後の文の VP が省略されている。よって、この構文を VP 省略構文と呼ぶ。ここで省略されている VP の内容は文脈から明らかである。すなわち、see Mary が省略されている。逆の言い方をすれば、この後の文では、前の文と同じ VP の内容を持っている

がゆえに省略することができる。そうすると、後の文 Bill will は(too は説明の便宜上考慮外とする)Bill will see Mary に対応する深層構造から、VP を削除することによって派生されたと考えることができる。この削除規則を以下のように定式化する。

(23) VP 削除規則 (VP–Deletion)
　　 前出の VP と同じ内容の VP を削除せよ。

そうすると、Bill will は以下の派生によって導き出される。

(24) 　DS: Bill will see Mary
　　　　　↓　 by VP–Deletion
　　 　SS: Bill will

【問題1】上の派生にならって、(22b) の Bill did の深層構造を樹形図で表したうえで、その派生を示せ。また、この場合、Affix Hopping ではなくて Do–Support が適用する理由を述べよ。

3.3　変形規則の順序づけ

これまでさまざまな文の派生を扱ってきたが、1つ重要な問題に触れずにきた。それは、「変形規則が適用する順番がどうなっているのか」という問題である。この問いに対しては、論理的に2つの答えが可能である。1つは、「適用する順番に何ら制限はなく自由に適用してよい」というもので、もう1つは、「適用順番が厳密に決まっている」というものである。これまで見てきた派生では、前者に属するものと後者に属するものと両方存在する。たとえば、前者に属する例としては、(7)に掲げられた Who will John see? という文の派生がある。そこでは、SAI が WH–Movement よりも先に

適用する派生が掲げてあるが、その順番を逆にしても、以下に示す通り、正しい派生が得られる。

(25)　DS: John will see who
　　　　　↓　by WH–Movement
　　　　who John will see
　　　　　↓　by SAI
　　　　SS: who will John see

それに対して、前節で一般動詞が関わる平叙文では do が生起しないのに対して、疑問文、否定文、そして VP 省略構文においては do が生起することを説明したが、その際には規則がどういった順番で適用するかが重要な要素となっている。まず、(18)の仮定から明らかなように、そこでの説明では Affix Hopping が Do–Support より先に適用しなければならない。それでは、他の変形規則についてはその順序づけはどうなっているであろうか。

【問題 2】以下に示すそれぞれの組の変形規則について、順序づけをどうしなければならないか考察せよ。
1) SAI と Affix Hopping　　　　2) SAI と Do–Support
3) Not–Insertion と Affix Hopping　4) Not–Insertion と Do–Support
5) VP–Deletion と Affix Hopping　　6) VP–Deletion と Do–Support

以上の結果をまとめると以下のようになる。

(26)　規則の順序づけ：
　　　(1) SAI, Not–Insertion, VP–Deletion
　　　(2) Affix Hopping
　　　(3) Do–Support

これまでのところ、上の第1グループに属する3つの変形規則の間の順序づけについては何ら確定されていない。というのは、これまで扱ってきたデータの中には、これらの変形規則のうち2つ以上関わる派生を持つものはなかったからである。では、実際にそのような派生を持つデータを考察し、順序づけがどうなっているかを見ていく。まず、SAI と VP-Deletion の両方が関わる以下の文の派生を考える。

(27)　"I saw Mary yesterday."
　　　"Oh, did you?"

この会話のやり取りの2番目の文の did you の派生には SAI と VP-Deletion の両方が関わっていることは明らかであると思う。

【問題3】この文の派生を SAI → VP-Deletion と VP-Deletion → SAI の両方の順番で書き表せ。そのうえで、どちらの派生も did you? を正しく派生できることを確かめよ。

　次に、*Not*-Insertion と VP-Deletion の両方が関わる以下の文の派生を考える。

(28)　"I saw Mary yesterday."
　　　"Oh, I did not."

この会話のやり取りの2番目の文の I did not の派生には *Not*-Insertion と VP-Deletion の両方が関わっていることは明らかであると思う。

【問題4】この文の派生を *Not*-Insertion → VP-Deletion と VP-Deletion → *Not*-Insertion の両方の順番で書き表せ。そのうえで、どちらの派生

も I did not. を正しく派生できることを確かめよ。

　最後に、SAI と *Not*–Insertion との間の順序づけを考察する。関係するデータは以下のような否定疑問文である。

(29) a.　Did you not leave?
　　 b.　Didn't you leave?

上の例が示す通り、否定疑問文は not を通常通りの位置に挿入した(29a)のような形と not が do に直接くっ付いた(29b)のような形を取ることができる。これからこの2つの文の派生を考察していくが、その際 *Not*–Insertion について(29b)のような not の縮約形をどう扱うかという問題に触れておく必要がある。もっと簡単な例を使えば、(10)の文 John will not leave. に対応する以下の文の派生をどう扱うかという問題である。

(30)　John won't leave.

この文の場合は、(10)の文と異なり、not が Aux の後に挿入されているのではなく、その縮約形が直接 Aux に付加されている。この2つのケースを扱うために、*Not*–Insertion を以下のように2種類認めることとする。

(31)　Not 挿入規則 I (*Not*–Insertion I)
　　　Not を Aux の後に挿入せよ。
(32)　Not 挿入規則 II (*Not*–Insertion II)
　　　N't を Aux に付加せよ。

そうすると、(30)は以下の派生によって導き出すことができる。

(33)　DS: John will leave
　　　　↓　by *Not*–Insertion II
　　　SS: John will+n't leave

この表層構造が音韻部門に送られて、will+n't は won't と音形化される。

> 【問題 5】(31) と (32) の 2 つの *Not*–Insertion を使って (29a, b) の 2 つの文が正しく派生されるためには、SAI と *Not*–Insertion の順番がどうなっていなければならないか確かめよ。

　ここから導き出される結論は、*Not*–Insertion II については SAI の前に適用しようが後に適用しようが正しい派生が得られるのに対して、*Not*–Insertion I については SAI の前に適用しないと正しい派生が得られないということである。そうすると、(26) の第 1 グループに属する 3 つの変形規則の順序づけについては、*Not*–Insertion I と SAI の間には前者が後者より先に適用しなければならないという順序づけが必要なのに対して、他の組み合わせについては、順番は自由であるという結論が得られる。
　読者はこの結論をどう思われるであろうか。おおかたの読者は「奇妙な結論だ」と反応されることであろう。こういった結論に対して研究者が取る態度として、大きく 2 つ考えることができる。1 つは、この結果を受け入れたうえで、「なぜ *Not*–Insertion と SAI の間にのみ順序づけが必要なのか」という問いに対して、何かその背後に潜む一般的特性が存在しないかを探っていくという方策である。もう 1 つは、この結果を不服として、この結果を導くのに前提としてきたいろいろな概念なり規則なりをもう一度洗い直すという作業に取り組むというものである。ここでは後者の可能性を追求してみたいと思う。まず、この結果を不服とする根拠は、「他の規則の組み合わせについてはその順序づけが自由であるのに対して、SAI と *Not*–Insertion I に限って順序づけがある一定の仕方で固定されているのはおかしい」というも

のである。したがって、この場合目指すべき方向は、これまで前提としてきたものを洗い直すことによって、SAI と *Not*–Insertion I の間の順序づけも自由で構わないという結論が得られる可能性がないかどうかを探るということである。

　そうするためには、(29a) の否定疑問文を導き出すのに、SAI を *Not*–Insertion I より先に適用しても後に適用しても正しい派生が得られる必要がある。上で見たのは、*Not*–Insertion I を SAI より先に適用すれば正しい派生が得られるが、その逆の順番では正しい派生が得られないということであった。その派生を以下に復元する。

(34)　DS: you Past leave
　　　　　↓　by SAI
　　　　Past you leave
　　　　　↓　by *Not*–Insertion I
　　　　Past not you leave
　　　　　↓　by *Do*–Support
　　　SS: do+Past not you leave

この派生は *Did not you leave? という非文法的な文を生み出してしまう。この派生が間違った結果を導きだした最大の原因は、not が間違った位置に挿入されたことである。それでは、not が正しい位置に挿入されるよう *Not*–Insertion I の定式化を変更することはできないであろうか。この変形規則が果たす役割は、以下の樹形図において、not を Aux と述語 XP の間に挿入することである。

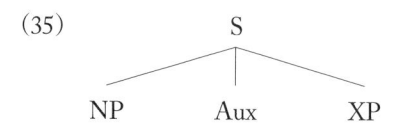

(35)　　　　　　　S
　　　　　　／　｜　＼
　　　　NP　　Aux　　XP

この操作を定式化するのに、(31)では「notをAuxの後に挿入せよ」という言い方をしているが、それが唯一の言い方ではないのは明らかである。この(31)とは対称的に以下のように定式化することもできる。

(36)　Not 挿入規則 I (*Not*–Insertion I)
　　　Not を述語 XP の前に挿入せよ。

Not–Insertion I の定式化をこのように変更しても、以前扱った否定文の派生は何ら変化を被らないであろう。ところが、(29a)の否定疑問文の派生についてはどうであろうか。

【問題6】(36)の規則を用いて、(29a)の否定疑問文が SAI より先に適用しても後に適用しても正しく派生できることを確認せよ。

そうすると、*Not*–Insertion I の定式化を(36)に変更するだけで、順序づけについて以前とは全く異なった結論が得られる。すなわち、(26)の第1グループに属する3つの変形規則の順序づけについては、すべて自由であるということになる。

　誰の目にも明らかなように、この結論は以前得られた結論より望ましいものである。研究者は通常この結果をより望ましいものとみなすのみならず、より真実に近いものとみなす。人によっては、結論がこうころころ変わるのでは、そもそも研究手法に問題があると考える向きもあるが、こういった状況は、科学(特に自然科学)においてよく見られることである。科学は、一言で言えば、ある一連の現象に対して説明理論を構築することを目的とする。その際、ある説明理論の一部が修正された結果、全体の説明体系が以前より単純でよりエレガントになった場合、科学者はそれをより真実に近づいたものとみなし、進歩と捉える。この科学で通常実践されている考え方に従えば、上で新たに得られた結果は、ある変形規則のグループに対して、その順

序づけをすべて指定せずに済むという点で、以前のものよりその説明体系全体が単純でよりエレガントになったとみなすことができ、したがって、その説明理論は以前より進歩し、より真実に近づいたと考えることができる。

　さらに、この考え方に基づけば、説明理論の一部を成す *Not*–Insertion I の定式化として(31)ではなく(36)が正しいものであるとみなされる。このどちらの定式化が正しいかという問題は、その背後にある説明理論と照らし合わせて初めて答えが得られるものであることに注意してほしい。一見したところでは、(31)も(36)も not を正しい位置に挿入するという目的に適っており、どちらの定式化が正しいのか決定することはできないが、その規則が組み込まれている説明体系全体との関わり合いにおいて決定する可能性が生じてくる。換言すれば、ある概念なりある規則の定式化が正しいかどうかは、相対的にしか決まらないということである。たとえば、ここで与えられた説明体系では、*Not*–Insertion I の定式化として(31)ではなく(36)が正しいと結論付けられるが、別の説明体系では全く逆の結論が得られることもありうるということである。

　以上、変形規則の順序づけについて次のように結果をまとめることができる。まず、その適用順序については自由であるような変形規則のグループが存在する。それは、以下のものである。

(37)　SAI, *Not*–Insertion I & II, VP–Deletion, WH–Movement

それに対して、順序づけが必要なグループには、以下の2つの変形規則が存在する。

(38)　Affix Hopping, *Do*–Support

このグループに属するものは、上のグループより後に適用し、さらにこの2つの規則の間では、Affix Hopping が先に適用する。

3.4　受動変形規則と主語繰り上げ規則

　本書では、変形規則を網羅的に並べ立てるのを目的とはしていないので、後々の考察でも重要となってくる変形規則をあと2つだけ紹介する。1つは受動文を派生するための**受動変形規則**(**Passivization**)である。前章でも多少触れたが、受動文の1つの大きな特徴はそれに対応する能動文と同じ意味を有しているということである。したがって、ここで仮定されている文法モデルでは、この能動文と受動文のペアが同じ深層構造から派生されると考えるのが自然である。以下のペアを例としてその派生を考察する。

(39) a.　John kissed Mary.
　　 b.　Mary was kissed by John.

ここでの仮定の下では、この2つの文は、以下に示される深層構造を共有している。

(40)
```
              S
       ┌──────┼──────┐
       NP    Aux    VP
       │     │    ┌──┴──┐
       N    Past  V     NP
       │     │    │     │
      John  Past  kiss   N
                        │
                       Mary
```

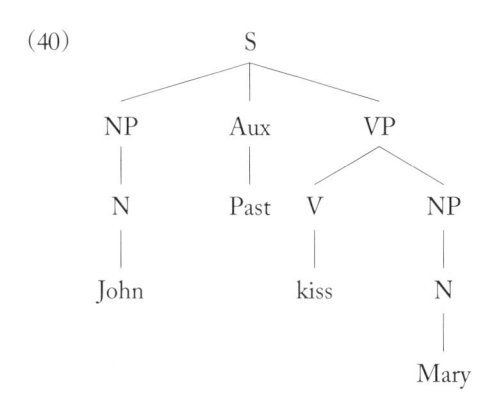

このことによって、この2つの文が同じ意味関係を有していることを正しく

捉えることができる。とりわけ、両方の文において、主語として機能しているのは John であり、目的語として機能しているのは Mary であることをこの深層構造は示している。この深層構造から(39a)の能動文を派生する仕方は、上で述べた通りで、Affix Hopping によって、Past を kiss に付加することによって派生される。

　次に、(39b)を派生するためには、受動変形規則を適用する必要があるが、この規則は以下に示す通り、3つの下位規則から構成されていると考えることができる。

(41)　受動変形規則(Passivization)
　　　(i)Be–en 挿入規則(*Be–en* Insertion)
　　　　　be を Aux に、そして接尾辞 –en を動詞に付加せよ。
　　　　　(–en は過去分詞を作るための接尾辞)
　　　(ii)主語後置規則(Subject Postposing)+by 挿入規則(*By*–Insertion)
　　　　　主語を文末に置き、その前に by を挿入せよ。
　　　(iii)目的語前置規則(Object Preposing)
　　　　　目的語を主語の位置に移動せよ。

この変形規則によって、(39b)は以下の派生をたどって導き出すことができる。

(42)　DS: John Past kiss Mary
　　　　　↓　by(i)
　　　　John be+Past kiss+en Mary
　　　　　↓　by(ii)
　　　　be+Past kiss+en Mary by John
　　　　　↓　by(iii)
　　　SS:　Mary be+Past kiss+en by John

この表層構造が音韻部門に送られ、be+Past は was と音声化され、kiss+en は kissed と音声化されることによって、(39b)を正しく派生することができる。

> 【問題7】以下の例文は、前章5節で扱った構造的同音異義 (constructional homonymity)の例である。この例文の深層構造に受動変形規則を適用して、その派生を示すことによって、この文に対応する受動文はいかなるものかを確かめよ。
>
> (43) The woman saw the man with binoculars.

上で受動変形規則が3つの下位規則から構成されていると仮定したが、この仮定を支持する証拠が存在する。それは、名詞化形の中にも文に対応する能動・受動のペアが存在するという Chomsky(1970a)の観察に基づいたものである。以下の名詞化形のペアを考察せよ。

(44) a. the enemy's destruction of the city
　　 b. the city's destruction by the enemy

この2つの名詞句は同じ意味を有しており、(44a)が能動形で(44b)がそれに対応する受動形とみなすことができる。というのは、この2つの名詞句ともに the enemy が主語の働きをし、the city が目的語の働きをしているが、(44a)では通常の語順でこの意味関係が表されているのに対して、(44b)では受動変形規則が関わっていると考えられるからである。ただし、この受動形には、(39b)のような受動文とは異なり、名詞 destruction の形の変化が伴わない。したがって、この受動形には、受動変形規則のうち(ⅱ)と(ⅲ)しか関わっていないことがわかる。このことから、(ⅰ)の規則が受動文に特有の独立した規則であるとみなすことができる。

さらに、この(ⅱ)と(ⅲ)の規則も名詞句の中では独立して適用することが

できる。以下の例を考察せよ。

(45)　　the destruction of the city by the enemy
(46) a.　the destruction of the city
　　 b.　the city's destruction

(45)の名詞句は、(44a)に対応する深層構造から、受動変形規則の(ⅱ)だけを適用することによって得られる。また、(46a)に示す通り、名詞句内では主語は必ずしも生起する必要はないが、この名詞句の深層構造から受動変形規則の(ⅲ)だけを適用することによって(46b)を派生することができる。したがって、(44)から(46)に示された名詞句内で生起するさまざまな受動形を考察することによって、受動変形規則が3つの下位規則から成ることが見て取れる。

　受動文の場合でも、以下の(47)に示す通り by 句が省略できることから、その場合、以下の(48)に掲げる深層構造から、(41)の受動変形規則のうち(ⅰ)と(ⅲ)のみを適用することによって、表層構造を得ることができる。

(47)　Mary was killed.
(48)

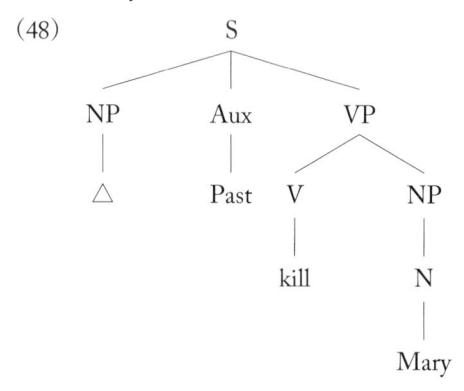

```
                S
      ┌─────────┼─────────┐
      NP       Aux        VP
      │         │      ┌───┴───┐
      △       Past    V       NP
                       │        │
                      kill       N
                                │
                               Mary
```

第 3 章　変形規則とは？　69

(47)の文では主語の働きをする句が存在しないので、(48)の S の左下の NP はその中身が空の状態である。これを慣例に従って、△で表すこととする。

【問題 8】(47)の派生を示せ。
【問題 9】以下の 2 つの文の深層構造を樹形図で表したうえで、その派生を示せ。

(49) a.　This picture was painted by a real artist.
　　 b.　This picture was painted by a new technique.
(Chomsky 1955, p. 295)

また、以下の文は 1 文で 2 通りの意味を持つ「構造的同音異義」の例である。その 2 通りの深層構造と派生を示すことによって、その 2 つの意味を明らかにせよ。

(50)　John was frightened by the new methods.　　(ibid.)

次に、**主語繰り上げ規則**(Subject Raising)と呼ばれる変形規則を紹介する。以下の例文を考察せよ。

(51) a.　It seems that John is honest.
　　 b.　John seems to be honest.

この 2 つの文はほぼ同じ意味を表していると言われる。とりわけ、(51b)の John は、表面上は文全体の主語の働きをしているように見えるが、実のところ(51a)の John 同様、(be)honest の主語の働きをしている。したがって、この意味関係を正しく捉えるためには、John は深層構造において下の S の主語の位置に生起していなければならない。これを樹形図で表すと、以下の

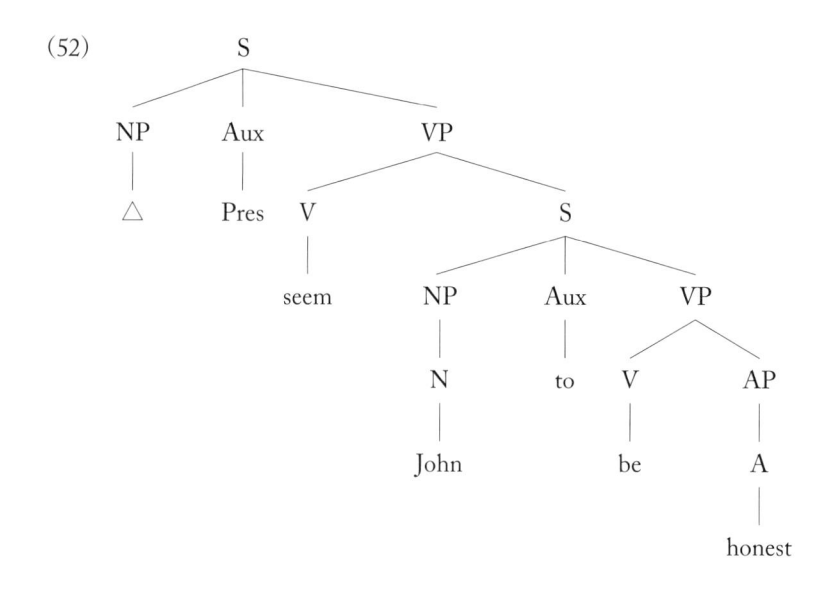

(52)
```
                S
      ┌─────────┼─────────┐
      NP       Aux        VP
      │        │      ┌───┴───┐
      △       Pres    V       S
                      │   ┌───┼───┐
                     seem NP  Aux  VP
                          │   │  ┌─┴─┐
                          N   to V   AP
                          │      │   │
                         John   be   A
                                     │
                                   honest
```

この深層構造では、John を下の S の左下に置くことによって、この NP が be honest の主語として働いていることを正しく捉えられる。また、この文全体の述語である［seem John to be honest］は、(51a)同様(この場合、it はいわゆる虚辞(expletive)の it と呼ばれ、意味を持たない NP と考えられる)、主語を持たない。よって上の S の左下の NP はその中身が空の状態であり、△で表される。この深層構造から、John を上の S の空の NP に挿入することによって、正しい語順が得られる。この操作を主語繰り上げ規則と呼ぶ。したがって、(51b)の文の派生は以下の通りである。

(53)　　DS: △ Pres seem ［John to be honest］
　　　　　↓　by Subject Raising
　　　　John Pres seem ［to be honest］
　　　　　↓　by Affix Hopping

SS: John seem+Pres [to be honest]

　話を前に進める前に、(51a)の統語構造について触れておく。これまで仮定された句構造規則では、この文の統語構造を正しく表すことができない。というのは、この文の下のS(以下これを主節に対して、埋め込み節と呼ぶことにする)を導いていると考えられるthatを構造にどう収めるかについては、これまで何も触れてこなかったためである。that以下の［John is honest］がSに対応することはすでに説明済みだが、thatとこのSを合わせたものが文的な統語範疇としてseemの目的語の働きをしていることは推測がつくであろう。この2つの要素を合わせてできる文的な統語範疇を、慣例に従って、S'と表示することにする。また、thatは**補文標識**(**complementizer**, 略してComp)と呼ばれ、その働きは、後続する節のタイプを表示するものである。この場合の「節のタイプ」とは、簡略化して言えば、平叙文や疑問文や感嘆文等を指す。thatは後続する節が平叙文であることを示す標識として働く。そうすると、(51a)の深層構造を作り出すためには、以下の句構造規則が追加される必要がある。

(54) a.　VP　→　V S'
　　 b.　S'　→　Comp S

【問題10】上の句構造規則に基づいて、(51a)の深層構造を樹形図で表せ。

【問題11】以下の文の深層構造を樹形図で表せ。(55c)についてはその派生も示せ。(ヒント：(55a)で「確信している」のはJohnであるのに対して、(55b)で「確信している」人は明示されておらず、その場合は通常話者がその確信者とみなされる。また、(55c)は(51)の場合と同様、(55b)とほぼ同じ意味を表している。)

(55) a. John is certain that Bill will win the prize.
　　 b. It is certain that John will win the prize.
　　 c. John is certain to win the prize.
　　 d. John is eager to win the prize.

3.5　変形規則に関わる一般的条件
3.5.1　厳密循環条件

　前節で新たに2つの変形規則を導入したが、そうすると当然それらの規則と他の変形規則との適用順序がどうなっているのかが問題となる。3節で、規則の順序づけについて以下に示すように、2つのグループに分類した。

(56) a. SAI, *Not*–Insertion I & II, VP–Deletion, WH–Movement
　　 b. Affix Hopping, *Do*–Support

(56a)に属するものは、その適用順序については自由であるような変形規則のグループであるのに対して、(56b)に属するものは順序づけが必要なグループで、上のグループより後に適用し、さらにこの2つの規則の間では、Affix Hopping が先に適用する。それでは、受動変形規則と主語繰り上げ規則はどちらのグループに属し、また順序づけが必要な場合は、どのような適用順序になるのであろうか。この考察に関係すると思われるデータを以下に掲げる。

(57)　　John seems to be criticized by Mary.
(58) a. Who did you say was criticized by Mary?
　　 b. Who do you say seems to be honest?
　　 c. Who do you say seems to be criticized by Mary?

(57)は受動変形規則と主語繰り上げ規則がその派生に関わっている文である。(58a)は受動変形規則とWH移動規則、(58b)は主語繰り上げ規則とWH移動規則、そして(58c)はこれら3つの変形規則がその派生に関わっている。

【問題12】(57)と(58)のそれぞれの文の深層構造を樹形図で表し、それぞれの文の派生を示せ。その際、それぞれの文に関わっている変形規則の適用順序が自由であるのか、それともどのような順番で適用しなければならないのかを明らかにせよ。

上の考察より、次のような結果が得られる。

(59)　受動変形規則 > 主語繰り上げ規則 > WH 移動規則
　　　（この場合、A > B は「A は B より前に適用する」を意味する）

この結果は何を意味しているのであろうか。なぜこの3つの変形規則についてこのような順序づけが必要なのであろうか。以前、SAI と *Not*–Insertion I の適用順序を考察した際に、同じ様な問いに直面したことを思い起こしてほしい。その際、そこで採用した方策は、SAI と *Not*–Insertion I の間だけに適用順序が決定されているのは奇妙であるという判断のもとに、その結果を導くことになったさまざまな前提事項を洗い直すことであった。結局 *Not*–Insertion I を再定式化することによって、以前の結果を覆し、その2つの変形規則の間には順序づけする必要がないというより好ましい結果を導きだすことができた。それでは、今回直面している3つの変形規則の順序づけについても同じ方策が取られるべきであろうか。

　SAI と *Not*–Insertion I の適用順序の話をした際、その結果に対する研究者の取るべき態度として、大きく2つ考えることができることを述べた。1つは、今述べたように結果を再考するやり方であるが、もう1つは、結果を受

け入れたうえで、「なぜ当該の変形規則はそのような順序で適用しなければならないのか」という問いに対して、何かその背後に潜む一般的特性が存在しないかを探っていくという方策である。今問題にしている3つの変形規則の順序づけについては、この後者の方策が有力である。というのは、(59)に示すような適用順序が結果として得られるような適用順序に関するある一定のパターンを見いだすことができるからである。そのパターンとは、最も簡単に言えば、「適用順序は下から上へ」というものである。(57)と(58)の文の派生がこの一般的パターンに従って派生されていることを確認してほしい。そして、その結果、(59)に示された適用順序が得られることも確認してほしい。この適用条件に関する一般的条件は、**厳密循環条件(Strict Cycle Condition)** と呼ばれる。この場合の cycle とは、変形規則が適用する領域のことを意味し、通常は S または NP がその領域にあたる。そうすると、この条件は以下のように述べることができる。

(60)　厳密循環条件(Strict Cycle Condition)
　　　下のサイクルから順番に変形規則を適用せよ。

(57)を例にとって、この条件がどのように働くのかを説明する。この文の深層構造は、概略以下のようなものである(本来は樹形図で表記すべきであるが、ここでは角かっこに範疇名をふる簡略表記を用いている)。

(61)　DS: [$_S$ △ Pres seem [$_S$ Mary to criticize John]]

この構造から受動変形規則と主語繰り上げ規則を適用して表層構造を得るわけであるが(実際には Affix Hopping も適用する)、(60)の条件に従えば、まず(61)の下の S において適用できる変形規則があればまずそこで適用することとなる。受動変形規則がこの条件に適い、このサイクルでまず適用する。主語繰り上げ規則はこのサイクルでは適用できない。というのは、この

規則は主語を上のサイクルの主語に繰り上げるものだからである。したがって、上のサイクルに移って初めてこの変形規則が適用する。その結果、(57)を派生するのに受動変形規則が先に適用し、主語繰り上げ規則が後に適用することとなる。

　以上の議論から得られる結論は、受動変形規則と主語繰り上げ規則は、(56)で分類されたグループのaグループに含めることができるということである。すなわち、これら2つの規則についても、その順序づけは原則自由であって、何ら個別に指定される必要はないということである。(59)に示された順序づけが必要に見えるのは、適用順序に課される一般的条件である(60)の厳密循環条件の働きによるものであると言うことができる。ここで1つ注意しておきたいのは、(56)に示された規則の順序づけとサイクルとの関係である。(58b, c)の派生から明らかなように、(60)の厳密循環条件に従えば、これらの例において、seem が属する節において Affix Hopping が適用した後に、一番上のサイクルで SAI や WH 移動規則が適用することになるが、この順番は一見すると(56)に示された規則の順序づけと矛盾するように思われる。しかしながら、この矛盾は、(56)の規則の順序づけが1つのサイクル内で成立するものであり、サイクル間にまたがるものではないとすれば、容易に解消される。

3.5.2　構造依存性

　これまで、変形規則の順序づけに関して一般的条件が存在することを述べたが、変形規則そのものの定式化においても、いくつか一般的条件が働いていることが指摘されてきている。以下そのような条件を大きく3つに分けて紹介する。1つ目は、「**構造依存性**」(**structure dependence**)と呼ばれるものである。これについては、前章の意味解釈規則の定式化において、線形順序に基づいたものよりも階層構造に基づいたものの方が正しく意味解釈規則を定式化できることを見た((24)あたりの議論を参照のこと)。ここでは、Chomsky(1975)の議論にならって、変形規則がそのような階層構造に基づ

いた定式化を要求することをSAIを例に示していく。まず、この変形規則は以下のように定式化された。

(62)　主語−Aux倒置規則（Subject–Aux Inversion, 略してSAI）
　　　Auxを主語の前に移動せよ。

今まで扱ってきた例ではこの定式化で十分通用したが、これでは不十分であることが1文に2つ以上の主語とAuxが存在する場合を考察すると明らかになる。以下の(63)の平叙文に対応する疑問文を作るのにSAIをどのように適用しなければならないかを考察せよ。

(63)　The claim that John was crazy was true.

この文には、主節の主語the claim that John was crazyと補文の主語Johnが存在し、Auxに相当するwasが2つ生起している。このような状況で、SAIを(62)に従って適用しようとしても、どのAuxをどの主語の前に移動するのか定かでない。主節のAuxを主節の主語the claim that John was crazyの前に移動すれば、以下のように正しい疑問文を派生することができる。

(64)　Was the claim that John was crazy true?

しかしながら、(62)に従えば、たとえば補文のAuxを補文の主語Johnの前に移動してもよさそうであるが、実際にはSAIは補文内では適用できない。また、補文のAuxを主文の主語の前に移動してもよさそうであるが、そのようなやり方では、以下に示す通り、正しい疑問文は派生されない。

(65)　*Was the claim that John crazy was true?

それでは、(62)はどういうふうに再定式化されるべきであろうか。まず、線形順序に着目した場合、(63)の平叙文から正しい疑問文を作るには、前から2番目に出てくる was を文頭に持ってくればよい。または、別の見方をすれば、一番最後に出てくる was を文頭にもってくればよい。したがって、以下の2通りに SAI を定式化することができる。

(66) SAI I
　　 前から2番目に出てくる Aux を文頭に移動せよ。
(67) SAI II
　　 一番最後に出てくる Aux を文頭に移動せよ。

この定式化は、もちろん、文中に Aux が複数個出てきた場合のもので、もし文に Aux が1つしか存在しない場合には、その Aux を文頭に移動せよということが、暗に前提とされている。これらの SAI の定式化を使えば、たとえば、(63)の平叙文に対応する疑問文として、(65)の文のように、最初に出てきた was を文頭に持ってきた場合には、正しい疑問文が作れないことを説明することができる。

【問題13】(66)と(67)では、SAI の定式化としては不適当であることを以下の例文を使って説明せよ。

(68) a. The man who was crazy was certain that John was honest.
　　 b. Was the man who was crazy certain that John was honest?
(69) a. The man who was certain that John was honest was crazy.
　　 b. Was the man who was certain that John was honest crazy?

また、1文で同時に(66)と(67)の両方の定式化がうまくいかないことを示すような疑問文の例を探し出せ。

それでは、SAI をどう定式化すれば、これまで考察してきた疑問文をすべて正しく派生できるであろうか。それは、構造の階層関係、平たく言えば上下関係に依拠した次のような定式化を用いれば解決する。

(70)　一番上にある S のすぐ下にある Aux をその S の主語の前に移動せよ。

以上から明らかなことは、SAI の定式化として(66)や(67)のような線形順序に依拠したものよりも、(70)のような階層構造に依拠したものの方が、事実を正しく捉えられるということである。このような SAI に見られる「構造依存性」は、変形規則の一般的特性の1つに挙げられている。実際に、この特性を示す変形規則として例に挙げられるのは、SAI のみと言っていい程であるが、これを変形規則の一般的特性とまで主張しうる根拠は、Chomsky (1975) が主張する通り、その特性を英語話者がいかにして言語知識として身に付け、その結果として決して誤った疑問文を作りださないのかという言語習得の問題によっている。すなわち、SAI に見られた構造依存性という特性は、英語話者が経験から学び取ったと考えるよりは、言語の本質に根差した普遍的特性として、赤ん坊にすでに備わった生得的なものと考えるほうが合理的であると主張される。もしこういった見方が正しければ、上で見た SAI の構造依存性を示す例から、その特性が変形規則全般の一般的特性と位置づけることに一定の根拠が与えられることになる。さらに、前章で考察したように、意味解釈規則にも同様に構造依存性が見られるとなれば、この特性は句構造に適用する規則すべての一般的特性と言い得るであろう。

　次に述べる変形規則の一般的特性は、「構造依存性」という概念を広義に取った場合に導き出されるようなものである。この概念をその根本にある意をくみ取ったうえで、大ざっぱに言い表せば、「規則は(階層)構造を見て適用せよ」ということになる。構造依存性という特性をこう解釈した場合、ここから自然に導かれる一般的条件として、以下のものをあげることができる。

(71)　変形規則は構成素に適用せよ。

「構成素」とは句構造上ひとかたまりを成す句のことを指すということは、13 ページに述べた通りである。例として、WH 移動規則を取り上げる。この規則は、(6)で「WH 句を文頭に移動せよ」と定式化されている。この定式化をよく吟味すると 1 つ問題になってくるのは、WH 句とは何かということである。以下の文では、WH 移動規則によってさまざまな「WH 句」が文頭に移動している。

(72) a.　Who did you see?
　　 b.　Whose book did you buy?
　　 c.　Which picture of Mary did you see?

(72a)では、who 1 語が文頭に移動し、(72b, c)では、whose や which を含む NP が文頭に移動している。このことから、WH 句とは「WH 語を含む句」と推測されると思うが、厳密にはこの定義ではまだ不十分なところがある。しかしながら、ここではその詳細に立ち入ることはせず、ただ(71)に述べられた一般的特性に関する部分のみを問題とする。この特性に従えば、移動の適用を受ける WH 句は、「WH 語を含む 1 構成素」でなければならないことになる。(72a)がこの条件を満たしていることは明らかである。(72b, c)についても、その深層構造を考察すれば、この条件を満たしていることは明白である。

(73)

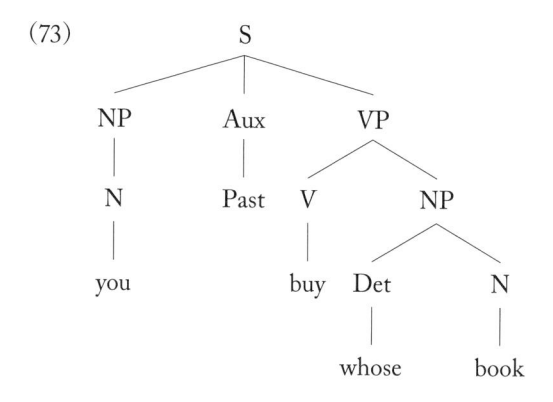

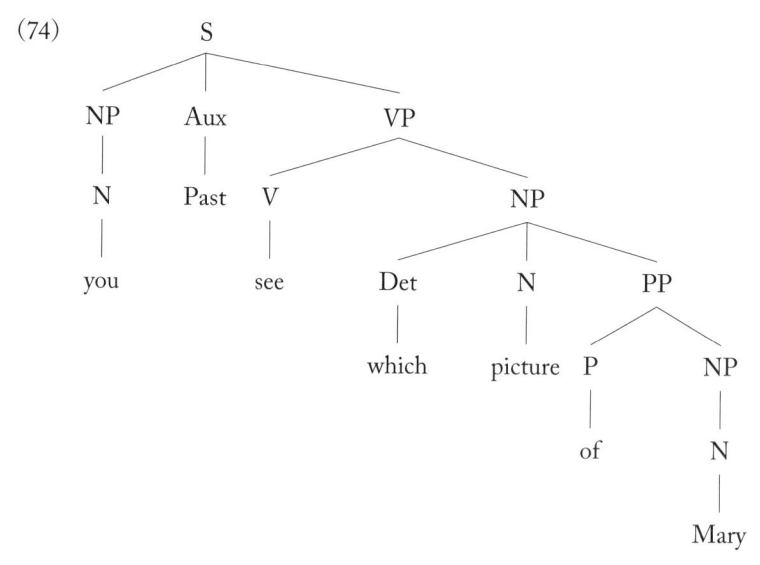

```
              S
      ┌───────┼───────┐
      NP     Aux      VP
      │      │    ┌───┴───┐
      N     Past  V       NP
      │      │    │    ┌──┴──┐
     you   Past  buy  Det    N
                      │      │
                    whose   book
```

(74)

```
              S
      ┌───────┼───────────┐
      NP     Aux          VP
      │      │       ┌────┴────┐
      N     Past     V         NP
      │      │       │    ┌────┼────┐
     you   Past     see  Det   N    PP
                         │     │  ┌─┴─┐
                       which picture P  NP
                                    │   │
                                    of  N
                                        │
                                       Mary
```

(73)の深層構造から buy の目的語である NP を文頭に移動すれば(72b)が得られ(実際には、さらに SAI と *Do*–Support が適用されないと正しい派生が得られないが、ここでは直接関係しないので考慮しない)、(74)の深層構造から see の目的語である NP 全体を文頭に移動すれば(72c)が得られる。それでは、以下に掲げる文で、(75a)は文法的であるが(75b)が非文法的なのはなぜであろうか。

(75) a.　Which book did you put on the table?
　　 b.　*Which book on the table did you put?

まず、(75a)の深層構造は以下に掲げる通りである。

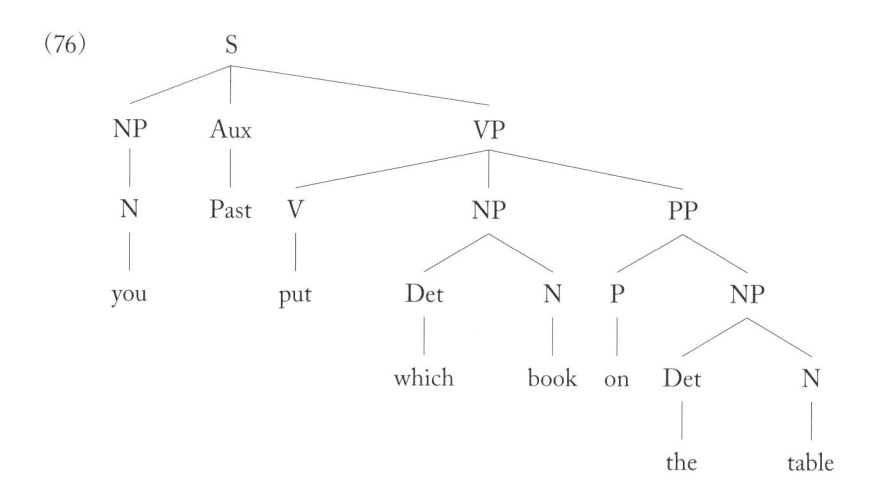

(76)
```
              S
      ┌───────┼───────┐
      NP     Aux      VP
      │      │    ┌───┼───┐
      N     Past  V   NP  PP
      │      │    │  ┌─┴─┐┌─┴─┐
     you    Past put Det N P  NP
                     │   │ │ ┌┴┐
                   which book on Det N
                                 │  │
                                the table
```

この深層構造から put の目的語である NP を文頭に移動すれば、(75a)が導き出される。これに対して、(75b)はこの深層構造から派生することはできない。なぜなら、(71)で述べたように、WH 移動可能なのは WH 語を含む1構成素であり、(76)から(75b)を導き出すためには、NP と PP というひとかたまりを成さない句を文頭に持っていくことになり、この条件を満たさないためである。それならば、(75b)の深層構造として、上の(74)に対応する以下の構造を仮定したとする。

(77)

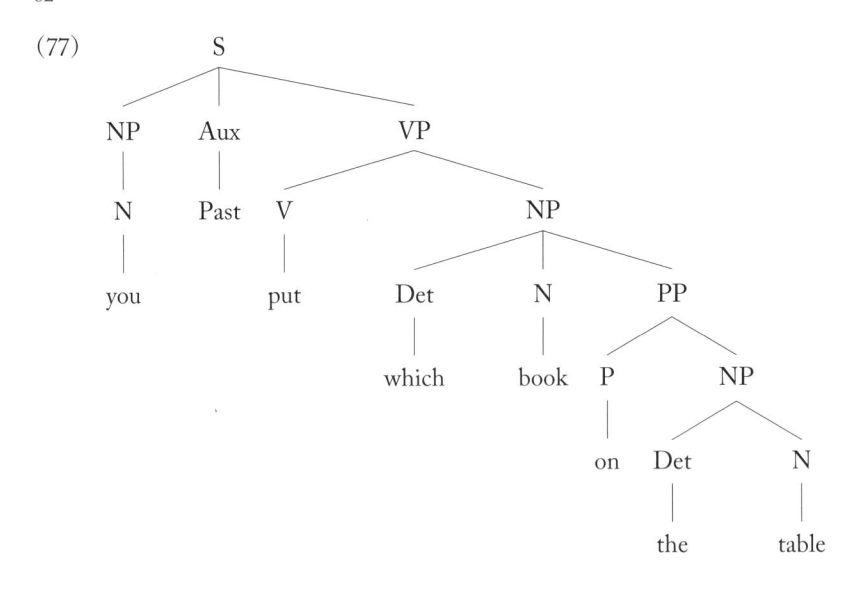

```
              S
      ┌───────┼───────┐
      NP     Aux      VP
      │       │    ┌───┴───┐
      N      Past  V       NP
      │       │    │   ┌───┼───┐
     you     put  Det  N      PP
                   │   │   ┌───┴───┐
                which book  P      NP
                            │   ┌──┴──┐
                           on  Det    N
                                │     │
                               the   table
```

　もしこの構造が(75b)の正しい深層構造とみなすことができるのであれば、この構造から put の目的語である NP 全体を文頭に移動すれば(75b)が得られることになる。しかしながら、この構造は当該文の正しい意味を表してはいない。この構造では、put の後全体がその目的語と解釈されるので、この構造から導かれる意味は「あなたはテーブルの上にあるどの本を置いたの」ということになるが、英語では put の意味性質上、その後に、置く対象となる目的語とその置かれる場所を表す句が生起する必要がある。置かれる場所を省いた *John put the book. は非文法的である。したがって、(77)は(75b)の深層構造としては、意味解釈上不適格ということになる。結果として、「構成素を移動せよ」という一般的条件を破ることなく、(75b)を正しく派生しうる深層構造は存在しないことになり、この文は不適格な文となる。

【問題14】以下の文のそれぞれに対応する深層構造を樹形図で書き表し、そこから上で述べた「構成素を移動せよ」という条件を満たすように WH 移動規則を適用して、正しい表層構造が得られることを確認

せよ。また、それぞれに対応する深層構造から、それぞれの文がいかなる意味解釈を受けるかを確認せよ。

(78) a.　Which man did the woman see with binoculars?
　　 b.　Which man with binoculars did the woman see?

3.5.3　意味からの独立性

　次に述べる変形規則の一般的特性は、「意味からの独立性」と名付けられるものである。上で述べたように、変形規則は「構造を見て」適用する。そこから得られる自然な帰結は、変形規則は構造から得られる情報に基づいて定式化されるものであり、構造上には存在しない情報には当然アクセス不可能なはずである。それでは、構造からいったいどんな情報を得ることができるであろうか。構造は、基本単位である単語の連鎖がどのように結び付きあってより大きな句というかたまりを構成し、またそれぞれの句がどのような範疇に属するかを表したものである。したがって、変形規則はこれらの情報に基づいて定式化されると考えるのが最も自然である。これに対して、主語、述語、目的語、修飾語といった意味概念は、構造に直接表されてはいない。思い起こしてほしいのは、これらの意味は、意味解釈規則を構造に適用することによって得られたものであるということである。したがって、変形規則はこれらの意味概念を用いずに定式化されるべきものであるという帰結が自然と得られる。

　さて、これまで扱ってきた変形規則は、こういった意味概念に言及せずに定式化されていたであろうか。4節で、主語繰り上げ規則(Subject Rasing)を扱ったことを思い出してほしい。この規則は、その名前から推測されるように、埋め込みの to 不定詞節の主語を主節の主語の位置に繰り上げるものであった。たとえば、John seems to be honest. は、以下に示すように、この変形規則が適用されることによって得られる。

(79)　DS: △ Pres seem ［John to be honest］
　　　　　↓　by Subject Raising
　　　　John Pres seem ［to be honest］

この規則は明らかに主語という概念に言及することによって定式化されているので、変形規則の「意味からの独立性」という特性から逸脱しているように思われる。しかしながら、この主語という概念に言及しているのは単に便宜上のことであり、その概念を使わずに再定式化するのは容易である。すなわち、「埋め込みの to 不定詞節の左下にある NP を主節の左下の位置に繰り上げよ」と言い換えることができる。このように、多くの場合、一見主語や目的語といった概念を用いて定式化されている変形規則も、今見たように、純粋に構造上の概念に基づいた言い方に改めることができる。
　しかしながら、なかには主語や目的語といった概念を構造上の概念で言い換えることによって、その定式化が正当化されるのみならず、より望ましい帰結が得られるものがある。その例が受動変形規則である。以下にその定式化されたものを再掲する。

(80)　受動変形規則(Passivization)
　　　（ⅰ）Be–en 挿入規則(*Be–en* Insertion)
　　　　　be を Aux に、そして接尾辞 –en を動詞に付加せよ。
　　　　　(–en は過去分詞を作るための接尾辞)
　　　（ⅱ）主語後置規則(Subject Postposing)+by 挿入規則(*By*–Insertion)
　　　　　主語を文末に置き、その前に by を挿入せよ。
　　　（ⅲ）目的語前置規則(Object Preposing)
　　　　　目的語を主語の位置に移動せよ。

この変形規則の中で問題となるのは、（ⅱ）の主語後置規則と（ⅲ）の目的語前置規則である。

【問題15】以下の文の深層構造を樹形図を使って書き表し、その深層構造から、(80)に定式化された受動変形規則を使うと、いかなる文が派生されるか考えよ。

(81) a.　John gave Bill the book.
　　 b.　John expected the book to be good.

(81a)では、Bill と the book 両方ともに目的語なので、(80iii)により、以下の両方の受動文が派生されることが期待される。

(82) a.　Bill was given the book by John.
　　 b.　*The book was given Bill by John.

しかしながら、実際には(82a)のみが文法的な文である。また、(81b)では、the book to be good 全体が S を構成し、expect の目的語の働きをしているので、(80iii)により、以下の受動文が派生されることが期待される。

(83)　*The book to be good was expected by John.

しかしながら、この文は非文法的である。(81b)に対応する受動文は以下のものである。

(84)　The book was expected to be good by John.

しかしながら、この受動文は、(81b)の深層構造から(80)に掲げる受動変形規則によって導き出すことはできない。なぜなら、(84)で主語の位置に移動しているのは目的語ではなく、目的語節の主語の働きをしている NP だからである。

それでは、いったい受動変形規則をどう再定式化すれば、これらの問題点を解決できるであろうか。上の考察で明確になったことは、受動変形規則(80iii)の目的語前置規則のターゲットとして、目的語という意味概念は正しい帰結をもたらさないということである。それに対して、上で見た文法的な受動文はすべて「Vのすぐ後のNP」を文頭に移動させることによって派生できることに着目してほしい。このことは、今問題にしている「変形規則は、意味概念に言及することなく、純粋に構造上から得られる情報に基づいて定式化される」という一般的特性が、経験的に支持されることを示している。

　この一般的特性に基づいて、(80)の受動変形規則は以下のように再定式化できるであろう。

(85)　受動変形規則（Passivization）
　　　以下に掲げる構造において、(i)(ii)(iii)の規則を適用せよ。
　　　... NP_1 Aux V NP_2 ...
　　　(i)beをAuxに、そして接尾辞–enをVに付加せよ。
　　　(ii)NP_1をNP_2の後に移動し、その前にbyを挿入せよ。
　　　(iii)NP_2をAuxの前の位置に移動せよ。

この規則のうち、(i)は、(80)のBe–en挿入規則と全く同じものである。変更されたのは、(ii)と(iii)で、(ii)は、「Auxの前のNPを文末に」、そして(iii)は、「Vのすぐ後のNPを文頭の位置に」移動させるものである。この新たに定式化された受動変形規則によって、上で指摘された問題点はすべて解消する。(81a)の深層構造において、Vのすぐ後のNPはBillなので、(85iii)によって、この深層構造から(82a)が正しく派生され、また(82b)が派生されないことになる。また、(81b)の深層構造において、Vのすぐ後のNPはthe bookなので、(84)が正しく派生され、(83)は派生されないことになる。以上、受動変形規則を主語や目的語などの意味概念に言及するこ

く、純粋に構造上の概念で定式化したほうが、データをうまく説明できることを示した。

>【問題 16】以下の文は、前章 5 節において構造的同音異義の例として掲げられたものとほぼ同じ例である。この文の深層構造から(85)の受動変形規則を用いてどのような受動文が得られるか考察せよ。
>
> (86)　The teacher found the boy studying in the library.

これで、万事めでたしであろうか。確かに、上で述べたことは、変形規則の意味からの独立性を端的に示している。しかしながら、(85)に与えられた定式化には、何か問題となるところはないであろうか。構造依存性の話をもう一度思い起こしてほしい。そこで、述べられたのは、変形規則は前後関係に基づいてよりも上下関係、すなわち階層関係に基づいて定式化されたほうが言語事実を正しく捉えられるというものであった。しかし、(85)の定式化は、この変形規則の構造依存性と真っ向から対立することになってしまう。上の議論で、受動変形規則の再定式化に導いたのは、いわゆる「目的語前置規則」についてであり、この規則を目的語に言及する代わりに V のすぐ後の NP を前置せよと定式化し直すことによって、受動文のデータをうまく説明することができた。したがって、この場合構造依存性と矛盾した定式化になってしまうことを避けるのは困難である。それでは、受動変形規則のうちの「主語後置規則」については、どうであろうか。

>【問題 17】(85)の定式化では、以下の文の深層構造から非文法的な受動文が派生されてしまうことを示せ。
>
> (87)　The man with binoculars kissed Mary.

前章2節で意味解釈規則の構造依存性を示す際に、(87)の文を使って、もし主語の意味解釈規則が「動詞の前のNPを主語と解釈せよ」という具合に定式化されると、(87)で the man with binoculars のみならず binoculars も誤って主語と解釈されてしまう、ゆえに、「Sのすぐ下のNPを主語と解釈せよ」という具合に階層構造に依拠した形で定式化される必要があると述べたことを思い起こしてほしい。これと全く同様の問題が(85ii)の定式化においても生じている。このことは、(85ii)が階層構造に依拠した形で再定式化されるべきであることを示している。しかしながら、そのように再定式化したからといって、(85iii)の定式化が依然として構造依存性から逸脱していることに変わりはない。これは明らかに重大な問題であるが、ここでは、これ以上踏み込むことはしない(ただし、(87)に見られる問題は、以下で、「Aの上のA原理」による解決法が示唆されている)。

3.5.4 移動規則の境界性

次に述べる変形規則の一般的条件は、変形規則のうちでも、もっぱら移動規則に関わるものである。上で、変形規則の「構造依存性」と「意味からの独立性」について述べたが、これらの一般的特性が変形規則の定式化に関わるものであったのに対して、これから述べる一般的条件は、移動規則の適用の仕方に関わるものである。何を問題にするのかと言えば、「移動規則によっていったいどこまで移動できるのか」とか「移動規則を妨げるような何か一般的な統語環境が存在するのか」というようなことを問題にする。これを「**移動規則の境界性**(boundedness)」の問題と呼ぶ。

まず、最初の問いの「どこまで移動できるのか」については、原理的には無限に遠くまで移動可能であると言われる。以下の文を考察すると明らかなように、そもそも文自体無限に長いものを作り出すことが可能である。

(88) a. John thinks that Mary saw *the boy*.
    b. John thinks that Bill said that Mary saw *the boy*.

  c. John thinks that Bill said ... that Mary saw *the boy*.

(88c)の ... の部分に that 節を補っていけば無限に文を長くできることが容易に想像できると思う。(88)のそれぞれの文の the boy を who に代えて疑問文を作ると以下のようになる。

(89)a. Who does John think that Mary saw?
  b. Who does John think that Bill said that Mary saw?
  c. Who does John think that Bill said ... that Mary saw?

(89a)は普通の日常会話でも使われるごく自然な文である。(89b)になると who の元の位置が少し深すぎて、ネイティブスピーカーも首をひねるかも知れないが、多少不自然ということがあっても、非文法的とは感じられない。(89c)に至っては、... の部分に that 節を補えば補うほど、文を理解するのが困難になることは確実であるが、どこまで長くしたら非文法的とかという境界は考えづらく、原理的にはいくらでも長くできると考えられる。よって、それに伴って、WH 句の移動も原理的にどこまでも遠くへ移動可能であると考えられている。

 これに対して、WH 句がある特定の統語領域に置かれると、そこから WH 移動規則によって抜け出すことができないような領域が存在する。この領域のことを、比喩的に「WH 移動に対して島(island)を成す」と表現される。「島を成す」ということは、そこから抜け出ようと思っても、海にはばまれて抜け出せない状況をイメージしたものである。たとえば、以下の 2 つの文はほぼ同義文であるが、

(90)a. It is difficult for him to understand *this lecture*.
  b. For him to understand *this lecture* is difficult.

これらの文の this lecture を what に代えて疑問文を作ると以下のようになる。

(91) a. What is it difficult for him to understand?
　　 b. *What is for him to understand difficult?　　　(Chomsky 1968, p. 50)

(91a)とは対照的に(91b)が非文法的であるという事実は、for him to understand what という文が主語の位置に生起する場合、それが what の抜き出しに対して島を成していると考えられる。また、以下の2つの文も似通った意味を表しているにもかかわらず、

(92) a. He believed that John tricked *the boy*.
　　 b. He believed the claim that John tricked *the boy*.

これらの文の the boy を who に代えて疑問文を作ると以下のようになる。

(93) a. Who did he believe that John tricked?
　　 b. *Who did he believe the claim that John tricked?
　　　　　　　　　　　　　　　　　　　　(Chomsky 1968, p. 50–51)

(93a)では、who が目的語節から抜き出されているのに対して、(93b)では who が NP の中の同格節から抜き出されているが、この文が非文法的であることから、この同格節または同格節を含む NP が島を成すと考えられる。同様に、関係節を含む NP も島を成す。以下の文を参照のこと。

(94) a. He read the book that interested *the boy*.
　　 b. He believed the claim that John made about *the boy*.
(95) a. *Who did he read the book that interested?

b. *Who did he believe the claim that John made about?

(Chomsky 1968, p. 50)

以上のようなデータに基づいて、Ross(1967)は、さまざまな**島の制約**(**Island Constraint**)を提案した。ここでは、上で見たデータに関わる以下の2つの島の制約を紹介する。

(96) 文主語島制約(Sentential Subject Island Constraint)
(97) 複合名詞句島制約(Complex NP Island Constraint)

「文主語島制約」とは、(91b)に見られるように、文から成り立っている主語の位置が島を成すので、そこから移動規則によって句を抜き出してはならないというものである。「複合名詞句島制約」とは、複合名詞句から移動規則によって句を抜き出してはならないというものであるが、この複合名詞句とは、以下に示すような句構造を持つ名詞句のことである。

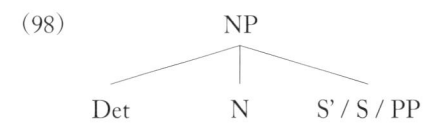

(98)
```
         NP
       / |  \
     Det N  S'/ S / PP
```

この構造において、Nの後に生起しているS'、S、PPがNの修飾語として働いているということは、意味解釈規則のところで述べた通りである。そうすると、(93b)や(95)では、同格節や関係節を含むNP(the claim ... と the book ...)が複合名詞句を成し、WH句がこの名詞句から抜き出されているために、非文法的となっている。

【問題 18】(99) と (100) の文はそれぞれ、以下に示した通り、2 通りに解釈できる。それぞれの文の 2 つの意味に対応する句構造を樹形図を用いて表せ。

(99)　　John kept the car in *the garage*.　　（Chomsky 1968, p. 52）
　　a.　ジョンはその車をその車庫に置いておいた。
　　b.　ジョンはその車庫に置いてある車を所有していた。
(100)　　Mary saw the man walking toward *the railroad station*.　　(ibid.)
　　a.　メアリはその男が駅の方へ歩いていくのを見た。
　　b.　メアリは駅の方へ歩いていくその男を見た。

そのうえで、それぞれの構造にある the garage と the railroad station を what に代えて、疑問文を作る場合、どの構造から以下の疑問文を派生できるか考察せよ。

(101) a.　What did John keep the car in?
　　　b.　What did Mary see the man walking toward?　　(ibid.)

　以上、移動規則が島の制約に従うことを WH 句の移動を例に示してきたが、この制約は WH 疑問文の WH 句移動に限らず、あらゆる種類の移動規則に適用すると言われている。たとえば、関係節に関わる移動規則を考える。以下の例において、

(102)　　the boy [who Mary saw]

関係代名詞 who は関係節内では動詞 see の目的語の役割を担い、その先行詞として働いている the boy を指し示していると考えられる。このようにし

て、the boy が関係節内では see の目的語と解釈されることを who を媒介にして捉えることが可能である。そうすると、(102)は、以下に示す通り、who が深層構造では see の目的語の位置に生成され、移動規則によって関係節の先頭に移動したと分析することができる。

(103)　DS: the boy [Mary Past see who]
　　　　　↓　by WH–Movement
　　　　　the boy [who Mary Past see]

この分析に従えば、関係節内でのWH移動規則も島の制約に従うことが期待されるが、事実はその予測が正しいことを示してくれる。

(104) a.　a lecture [which it is difficut for him to understand]
　　　b.　*a lecture [which for him to understand is difficult]
(105) a.　the boy [who he believed that John tricked]
　　　b.　*the boy [who he believed the claim that John tricked]
(106) a.　*the boy [who he read the book that interested]
　　　b.　*the boy [who he believed the claim that John made about]
　　　　　　　　　　　　　　　　　　　　　(Chomsky 1968, p. 50)

(104)の例が疑問文の例である(91)、(105)の例が(93)、(106)の例が(95)にそれぞれ対応する。
　さらにもう1つだけ移動規則の例を紹介すると、英語には**話題化変形規則**(**Topicalization**)というものが存在する。以下の例において、

(107) a.　John saw Mary.
　　　b.　Mary, John saw.

(107a)は英語の通常の語順からなり、話題の中心と考えられる要素があるとすれば、John がその対象となりうる。話題化は、日本語では助詞の「は」によって表され、(107a)において John が話題の中心とみなされる場合には、日本語の「ジョンはメアリを見た」に対応する（ちなみに話題化が起きていない場合には、「ジョンがメアリを見た」に対応する）。(107b)では、(107a)の場合とは異なり、Mary が話題化されており、日本語の「メアリはジョンが見た」に対応する。この話題化された Mary は文内の意味関係に着目すると、動詞 see の目的語の働きを担っているので、以下の派生に示される通り、深層構造では see の目的語の位置に生成され、話題化変形規則によって文頭に移動したと分析することができる。

(108)　　DS: John Past see Mary
　　　　　　↓　by Topicalization
　　　　　Mary John Past see

そうすると、この話題化変形規則も島の制約に従うことが期待されるが、以下のデータが示す通り、期待通りの結果が得られる。

(109) a.　This lecture, Mary considers it difficut for him to understand.
　　　b.　*This lecture, Mary considers that for him to understand is difficult.
(110) a.　The boy, he believed that John tricked.
　　　b.　*The boy, he believed the claim that John tricked.
(111) a.　*The boy, he read the book that interested.
　　　b.　*The boy, he believed the claim that John made about.

　これまで、文主語島制約と複合名詞句島制約が働いていることを示したが、読者によっては、なぜこのような統語領域が島を成すのか疑問を抱くことと思う。一見何の関係もありそうにない文主語と複合名詞句が島を成すと

いうのは不可解であり、当然「なぜ」という疑問が生まれてしかるべきである。これに対しては、いろいろな推測が成り立つであろう。すぐに思い当たるのは、当該の文を理解しようとする際に伴う困難さや複雑さにその原因を求めるものであろうと思われるが、それを客観的で学問的検討に値する形で定式化されたものは、筆者の知る限り提案されていない。

　生成文法家の間では、チョムスキーを中心として、この問いに対して、純粋に統語的な一般的原理から導き出すことが試みられてきた。この問題は、70年代及び80年代の生成文法の発展において最大の推進力の1つといっても過言ではなく、新たな提案が何度も繰り返され、より根本的で一般的な原理へと姿を変えてきた。ここでは、その試みのごく初期のものを1つだけ紹介するに止める。それは、Chomsky(1968)で提案された「**A の上の A 原理**」(A–over–A Principle)と呼ばれるものである。この原理は、範疇 A に属するある要素 X_1 の中にそれと同じ範疇 A に属する別の要素 X_2 が存在する場合、X_2 を X_1 の領域から抜き出してはならないというものである。この定式化から、この原理が概念的にある種自然でそれなりの妥当性を持っていることが見て取れると思う。この原理を上で述べた島の制約が働いているケースに当てはめて考えてみると、そこで抜き出しの対象となっていたのは、WH の名詞句である。したがって、A の上の A 原理がこのケースについて禁じているのは、以下の統語環境において、

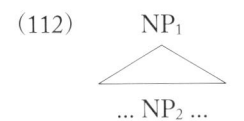

(112)　　　NP_1
　　　　　／＼
　　　　... NP_2 ...

NP_2 を NP_1 から抜き出すことである。これによって、なぜ複合名詞句が結果的に島を成すことになるのか説明することができる。なぜなら、(112)に基づいて言えば、複合名詞句島制約に違反した WH 移動規則というのは、NP_2 に当たる WH 句が複合名詞句に当たる NP_1 を越えて抜き出されたもの

だからである。

　それでは、文主語島制約のケースはAの上のA原理によってどう説明されるのであろうか。それに答えるには、本書では仮定していないが、チョムスキーがこの原理を提案していた当時、生成文法家の間で広く仮定されていたことを述べる必要がある。それは、Sを展開する句構造規則において、以下に示すように、主語の位置を一律NPと仮定していたということである。

(113)　S　→　**NP** Aux XP

この仮定に従えば、文主語島制約違反の例である(91b)の深層構造は、以下のようになる。

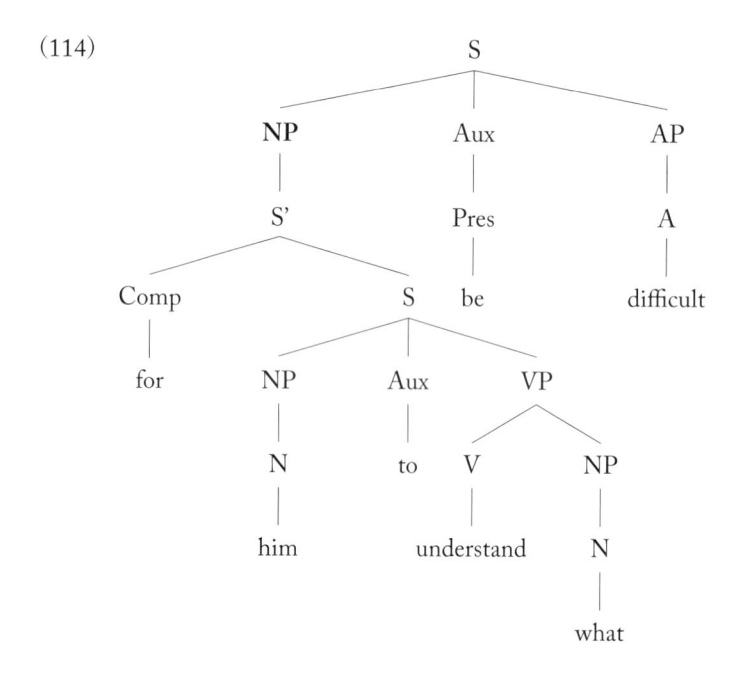

(114)

```
                          S
         ┌────────────────┼────────────────┐
        NP               Aux               AP
         │                │                │
         S'              Pres              A
      ┌──┴──┐             │                │
     Comp   S             be            difficult
      │  ┌──┼──┐
     for NP Aux VP
         │  │  ┌┴┐
         N  to V  NP
         │     │  │
        him understand N
                       │
                      what
```

この構造において、whatをWH移動規則によって文頭に移動することはで

きない。なぜなら、この WH 句は文主語全体の NP に含まれており、この NP を飛び越えて移動するのは、A の上の A 原理に違反することになるからである。かくして、文主語島制約はこの原理から導き出されたことになる。

　ちなみに、この原理に従えば、Ross が主張した「文主語が島を成す」というのは厳密に言うと正しい捉え方ではなく、「主語であれば何でも島を成す」と言い換えられるべきである。実際、以下のデータが示す通り、純粋な主語 NP でもそこから WH 句を抜き出すことはできない。

(115)　*Who did [stories about ＿] terrify John?　　(Chomsky 1973, p. 106)

この場合明らかに、who の文頭への移動は、A の上の A 原理に違反している。

　以上、複合名詞句と(文)主語が移動に対して島を成すという事実を、A の上の A 原理によって統一的に説明できることを示した。興味深いことに、この原理の適用範囲は、上で見た疑問文や関係節での WH 移動規則や話題化変形規則が島制約に従う例に止まらず、一見すると直接関係を持たない移動規則にまで及んでいる。前節で、変形規則の意味からの独立性を示すのに、受動変形規則を例に取って説明したことを思い起こしてほしい。そこでは、主語や目的語の概念が移動対象を同定するものとしてはふさわしいものではなく、純粋に統語構造から得られる情報に基づいて、定式化されるべきであることが示された。この規則の再定式化されたものを以下に再掲する。

(116)　受動変形規則(Passivization)
　　　以下に掲げる構造において、(ⅰ)(ⅱ)(ⅲ)の規則を適用せよ。
　　　... NP_1 Aux V NP_2 ...
　　　(ⅰ) be を Aux に、そして接尾辞 –en を V に付加せよ。
　　　(ⅱ) NP_1 を NP_2 の後に移動し、その前に by を挿入せよ。
　　　(ⅲ) NP_2 を Aux の前の位置に移動せよ。

この定式化において、(ⅱ)の規則により後置されるのは Aux の前の NP であり、(ⅲ)で前置されるのは V の後の NP である。この定式化によって、(ⅲ)の規則がうまく機能することは、前節で見た通りであるが、それとは対照的に(ⅱ)の定式化では、うまく扱えないケースが存在することを、【問題17】の所で指摘しておいた。すなわち、以下の文において、

(117) a.　The man with binoculars kissed Mary.
　　　b.　Mary was kissed by the man with binoculars.

(117a)に対応する受動文(117b)を(116)に掲げられた受動変形規則によって正しく派生できるかどうかが問題であった。これらの文に共通する深層構造に(116ⅱ)の後置規則を適用する際、(117b)を正しく派生するために NP_1 と認定されなければならないのは the man with binoculars 全体であるが、(116ⅱ)の定式化によると binoculars も誤って NP_1 と認定されてしまう。しかし、今やこの問題は A の上の A 原理を認めることによって解決されることが、Chomsky(1973)によって指摘された。なぜならば、この原理に従うと、binoculars がそれを含み込む主語 NP を飛び越えて文末に移動することは阻止されるからである。

　このように、A の上の A 原理は、さまざまな移動規則に適用する一般的制約として位置づけられた。従来の文法研究が個々の構文を別々に取り扱い、どちらかと言えば、細部にわたる構文間の差異に焦点があったのに比べ、生成文法の画期的なところは、こういった構文間にまたがる横断的な一般的特性を捉える原理を発見したことにある。さらに、生成文法では、こういった原理が子供の言語習得において経験によって獲得されたとは考えづらいことを根拠に、言語能力の生得的特性を成し、言語の普遍的特性であるとみなしてきた。同様のことが、変形規則の「構造依存性」や「意味からの独立性」、そして「サイクルに基づいた循環適用性」についても言える。

3.6　まとめ

　これまで述べてきたことを簡単にまとめると、第2章では深層構造の表し方を概説し、本章ではその深層構造から変形規則によっていかに表層構造が導き出されるのかを示す派生の表し方を概説した。これまで仮定されてきた統語部門のモデルは以下のようなものである。

(118)　深層構造 ──────→ 意味部門
　　　　　　↑
　　　　　　└── 変形規則
　　　　表層構造 ──────→ 音韻部門

このモデルにおいて、意味解釈は、意味部門において深層構造に意味解釈規則を適用することによって得られ、音形化は、音韻部門において表層構造に音韻規則を適用することによって得られる。簡単に言えば、意味は深層構造から、そして音は表層構造から導き出されるということである。

　変形規則を以下に列挙しておく。

(119)　主語−Aux 倒置規則（Subject–Aux Inversion, 略して SAI）
　　　　一番上にある S のすぐ下にある Aux をその S の主語の前に移動せよ。
(120)　WH 移動規則（WH–Movement）
　　　　WH 句を文頭に移動せよ。
(121)　Not 挿入規則 I（*Not*–Insertion I）
　　　　Not を述語 XP の前に挿入せよ。
(122)　Not 挿入規則 II（*Not*–Insertion II）
　　　　N't を Aux に付加せよ。
(123)　VP 削除規則（VP–Deletion）
　　　　前出の VP と同じ内容の VP を削除せよ。

(124) 受動変形規則（Passivization）
以下に掲げる構造において、（ⅰ）（ⅱ）（ⅲ）の規則を適用せよ。
... NP₁ Aux V NP₂ ...
（ⅰ）be を Aux に、そして接尾辞 –en を V に付加せよ。
（ⅱ）NP₁ を NP₂ の後に移動し、その前に by を挿入せよ。
（ⅲ）NP₂ を Aux の前の位置に移動せよ。

(125) 主語繰り上げ規則（Subject Raising）
埋め込みの to 不定詞節の左下にある NP を主節の左下の位置に繰り上げよ。

(126) 接辞付加規則（Affix Hopping）
接辞を隣り合った動詞に付加せよ。

(127) Do 支え規則（*Do*–Support）
do を接辞に付加せよ。

これらの変形規則は、規則の適用順序に関して、大きく2つのグループに分けることができ、(126)の Affix Hopping と(127)の *Do*–Support が1つのグループを成し、残りの変形規則がもう1つのグループを成す。後者の変形規則のグループは前者のグループより先に適用されなければならず、また、前者のグループの中では、Affix Hopping が *Do*–Support より先に適用しなければならない。

　変形規則に関わる一般的条件を以下に列挙する。

1) 変形規則の適用順序：
(128) 厳密循環条件（Strict Cycle Condition）
下のサイクルから順番に変形規則を適用せよ。

2) 構造依存性：
(129) 線形順序に基づいたものよりも階層構造に基づいた定式化をせよ。

(130) 変形規則は構成素に適用せよ。

3) 意味からの独立性：
(131) 主語、目的語といった意味概念を排した定式化をせよ。

4) 移動規則に関わる境界性条件：
(132) Aの上のA原理（A–over–A Principle）
範疇Aに属する要素X_1の中にそれと同じ範疇Aに属する要素X_2が存在する場合、X_2をX_1の領域から抜き出してはならない。

第4章　意味解釈規則とは？

　本章では、意味解釈規則について概説するが、すでに第2章でその主要なものを扱った。それは、文の要素の間の意味関係を表す「主語」「述語」「目的語」「修飾語」といった意味役割を深層構造から読み取る意味解釈規則である。本章では、それ以外の意味解釈に関わる規則として主に2つ取り上げる。1つは「代名詞の意味解釈」であり、もう1つは「作用域の意味解釈」である。

4.1　代名詞の意味解釈

4.1.1　構造依存性

　代名詞の意味解釈については、第2章で発音されない代名詞のPROについて、それがどのNPを指し示すかを規定した意味解釈規則について簡単に触れるところがあった(第2章(84)を参照のこと)。本節ではまず、普通の代名詞の意味解釈規則がいかなるものであるかを取り扱う。興味深いことに、代名詞とそれが指し示すNP(これを先行詞と呼ぶ)との間の関係を捉える意味解釈規則には、「構造依存性」が見られる。それを示すのに、まず、以下の2つの文を考察する。

(1)a.　Rosa_i denied that she_i met John.
　　 b.　*She_i denied that Rosa_i met John.　　　　　（Reinhart 1976, p. 6）

これらの例文において、下付きのiは指標辞(index)を表し、iをふられたもの同士は、同じものを指し示すことを表している。さて、(1a)では、sheはRosaを指し示すことはできるが、(1b)では、sheはRosaを指し示すことはできない。この事実を見てまず真っ先に思い当たる意味解釈規則は、代名詞とその先行詞が出てくる順序に依拠した以下のようなものであろう。

(2)　代名詞はそれに後続する名詞を指し示すことはできない。

この意味解釈規則を与えられれば、(1b)で sheがRosaを指し示すことができないことを正しく捉えることができる。それでは、いったいsheは何を指し示すのだと疑問に思う読者もいることと思うが、一般的に、代名詞が何を指し示すかについては、文法で扱う範囲を超えたさまざまな要因、とりわけ、文脈や当該文が発話された場面状況や話者の意図などが関わってくる。たとえば、(1a)では、sheはRosaを指し示すことはできるが、状況によっては、sheは文脈にすでに出てきた第三者の女性や、この文が発話された場面に存在した女性を指すことも可能である。したがって、文法内で扱えるのは、「代名詞が何を指し示すか」を規定する規則ではなく、「同一文内でどのNPを指し示すことができないか」を規定する、言わば、代名詞の解釈に関わる制約的規則とでも呼べるものである。
　これを念頭に置きながら、(2)の意味解釈規則が代名詞とその先行詞との関係を正しく捉えているかを吟味する。以下の文を(1)の文と比較せよ。

(3)a.　The man who traveled with Rosa_i denied that she_i met John.
　　 b.　The man who traveled with her_i denied that Rosa_i met John.
　　　　　　　　　　　　　　　　　　　　　　　　（Reinhart 1976, p. 6）

(3a)では、she が Rosa を指し示すことができるが、これは、(2)の条件に違反しないので、期待通りの事実である。それに対して、(3b)では、her が Rosa よりも先に出てきているので、(2)に従えば、her は Rosa を指せないはずであるが、実際には指し示すことが可能である。このことは、単純に代名詞とその先行詞との間の前後関係に依拠する意味解釈条件では不十分であることを端的に示している。

　それでは、いったいいかなる条件が代名詞の解釈に関わっているのであろうか。上では、代名詞とその先行詞との間の前後関係に着目したが、今度は高さ関係に着目してみる。そうすると、直感的に捉えれば、(1b)では she は Rosa より構造上高い位置にあるのに対して、(3b)では、her が Rosa より高い位置にあるとは一概に言えないことが見て取れると思う。このことから、代名詞の意味解釈規則に関わる条件は以下のようなものであることが推測される。

（４）　代名詞はそれより構造上低い位置にある名詞を指し示すことはできない。

ここで問題となってくるのは、構造上の任意の2つの要素を比べて、どちらが高いとか低いとかを厳密にどうやって捉えるのかということである。そこで、Reinhart(1976) によって考案されたのが、**構成素統御**(constituent-command、以下略して c 統御(c-command)と呼ぶ)という概念である。それは、以下のように定義することができる。

（５）　ある範疇 X がある範疇 Y を c 統御するとは、Y が X の領域内にあることである。この場合、X の領域とは、X のすぐ上にある範疇のことである。

この c 統御という概念が、高さ関係を測るのに実際にどう働くのかを見るた

めに、以下の構造において、主語 NP₁ と目的語 NP₂ が c 統御の関係にあるのかを調べてみる。

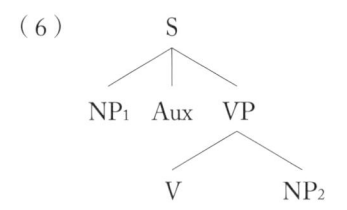

（6）
```
          S
      ／  |  ＼
    NP₁  Aux  VP
            ／  ＼
           V    NP₂
```

この構造において、まず NP₁ が NP₂ を c 統御するかどうかを調べる。（5）の定義に従って考えれば、NP₁ を X と置き、NP₂ を Y と置いて、この定義で言われていることが成り立つかどうかを調べればよい。そうすると、Y である NP₂ が X である NP₁ の領域内にあるかどうかで c 統御するかどうかが決定することになるが、この場合 X の領域は NP₁ のすぐ上にある S であり、この S 内に NP₂ は含まれるので、結果、NP₁ は NP₂ を c 統御することになる。これを図示すると以下のようになる。

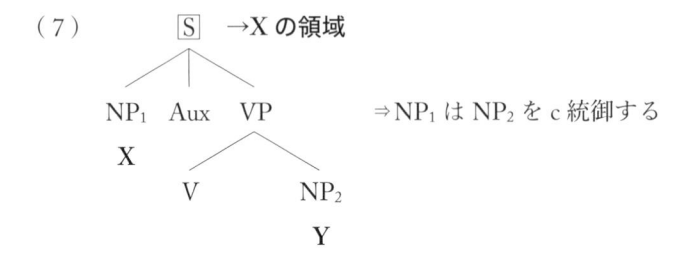

（7）　　　　$\boxed{S}$　→X の領域
```
      ／  |  ＼
    NP₁  Aux  VP           ⇒ NP₁ は NP₂ を c 統御する
     X      ／  ＼
            V    NP₂
                  Y
```

次に、NP₂ が NP₁ を c 統御するかどうかを調べる。今度は、NP₂ が X に相当し、NP₁ が Y に相当する。そうすると、X の領域は NP₂ のすぐ上の VP になるので、NP₁ はその領域に含まれない。よって、NP₂ は NP₁ を c 統御しない。これを図示すると以下のようになる。

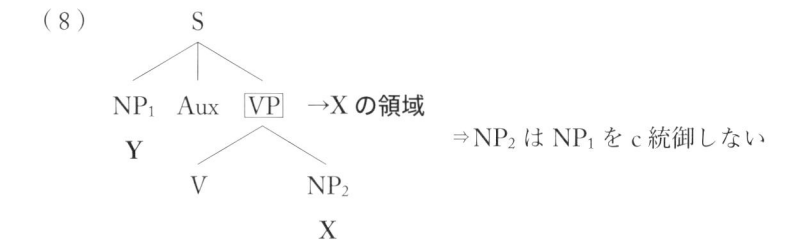

(8)
```
          S
      ／ ｜ ＼
    NP₁  Aux  [VP]  →Xの領域
     Y       ／  ＼
            V    NP₂
                  X
```
⇒ NP₂ は NP₁ を c 統御しない

　結果をまとめて言えば、(6)の構造において、主語の位置にある NP₁ は目的語の位置にある NP₂ を c 統御するが、その逆は成り立たないということである。この c 統御するかどうかという関係が、ちょうど直感的に把握される構造上の高低関係に対応していることに着目してほしい。すなわち、直感的に言って、主語の位置と目的語の位置では主語の位置の方が構造上高いということを、c 統御という厳密な概念を使って言い換えれば、主語の位置は目的語の位置を c 統御するけれども、逆は成り立たないということになる。このように、c 統御という概念は、構造上の高さ関係を測る尺度であるが、この概念を用いれば、(4)に述べられた代名詞の意味解釈に関わる条件は、以下のように述べ直すことができる。

(9)　代名詞はそれが c 統御する名詞を指し示すことはできない。

> 【問題1】この代名詞の意味解釈条件を使って、なぜ(1b)では she は Rosa を指せなくて、(3b)では her が Rosa を指し示すことができるのかを、それぞれの文の深層構造を樹形図で書き表したうえで、説明せよ。

　以上のことから、代名詞の意味解釈に関わる条件にも、「構造依存性」が見られることがわかる。
　Reinhart(1976)は、代名詞の意味解釈条件として、線形順序に依存した概念ではなく、構造上の高さ関係を表す c 統御という概念が関わっていること

(10) a. We sent him_i to West Point in order to please Ben_i's mother.
   b. We'll just have to fire him_i whether McIntosh_i likes it or not.
   c. Rosa won't like him_i anymore, with Ben_i's mother hanging around all the time.
(11) a. *Rosa tickled him_i with Ben_i's feather.
   b. *It's time to put him_i in the baby_i's bed.　　　(Reinhart 1976, p. 60)

(10)のデータでは、代名詞 him がその先行詞である Ben または McIntosh より前にあるにもかかわらず、その先行詞を指し示すことができるのに対して、(11)のデータでは、代名詞 him は、後に出てくる Ben または the baby を指し示すことができない。これらのデータもまた、代名詞の意味解釈条件を定式化するうえで、単に代名詞とその先行詞との線形順序に依拠するだけでは不十分であることを示している。

【問題2】(10a)と(11a)を例に取り、(9)の意味解釈条件を使って、なぜ(11a)では him は Ben を指せなくて、(10a)では him が Ben を指し示すことができるのかを、それぞれの文の深層構造を樹形図で書き表したうえで、説明せよ。(ヒント：VP 内の PP と S 内の PP)
【問題3】Reinhart(1976)は、自分の主張が正しいことをさらに証拠づけるために、以下のデータを掲げている。

(12) a. Rosa is kissing him_i passionately in Ben_i's high school picture.
   b. *She_i is riding a horse in Rosa_i's high school picture.
　　　　　　　　　　　　　　　　　　　　　(Reinhart 1976, p. 68–9)

これらの例についても、なぜ(12a)では him が Ben を指し示すことがで

きるのに、(12b)では she が Rosa を指し示すことができないのかを、それぞれの文の深層構造を樹形図で書き表したうえで、説明せよ。(ヒント：進行形は Aux に be と –ing を両方置けばよい。また、副詞句(adverb phrase)は形容詞句と同様に、AdvP と Adv を用いよ。)

少し話が脇道にそれるが、ここで PRO の意味解釈規則を考察してみたい。というのは、この意味解釈規則にも「構造依存性」が見られるからである。第 2 章で定式化したものを以下に再掲する。

(13) PRO は同一文内でそれより前に出てきた NP のうち、最も近くにある NP を指し示せ。

この定式化自体には、何ら「構造依存性」を示す概念が使われていないことにまず注目してほしい。その上で、(10a)の構造において、in order to の所の to 不定詞の主語の位置にある PRO が(13)の意味解釈規則によって、どの NP を指し示すことになるかを確かめてほしい。PRO より前に出てきた NP のうち、最も近くにある NP は、West Point である。しかしながら、これは明らかに間違った結果であり、この文において、to 不定詞の主語は we を指し示している。それでは、この場合、PRO が意味解釈規則によって正しく we を指し示すようにするには、(13)をどのように定式化し直せばよいであろうか。ここでもまた、c 統御の概念を用いると事実を正しく捉えることができるようになる。(13)の定式化の中で、「前に出てきた NP」を「c 統御する NP」に置き換えると以下のようになる。

(14) PRO は同一文内でそれを c 統御する NP のうち、最も近くにある NP を指し示せ。

この新たな意味解釈規則によれば、(10a)の構造において、PRO を c 統御す

る NP は we だけとなる。よって、(14)により、PRO は we を指し示すと正しく解釈されることになる。(賢明な読者であれば、order 以下の NP もまた、(5)に掲げた定義によれば、PRO を c 統御することに気づかれることと思うが、c 統御のより厳密な定義では、一方の NP が他方の NP を含み込んでしまう場合には、c 統御の関係は成り立たない旨のただし書きが追加されている。)以上のことから、PRO の意味解釈規則にも構造の高さ関係を捉える c 統御の概念が関わっている点において、「構造依存性」が見て取れる。

【問題 4】以下の例文において、(15a)では、him は John を指し示すことができる。この事実は、(9)の代名詞解釈条件から容易に導き出される。というのは、(15a)の深層構造において、him は John を c 統御しないからである。これに対して、(15b)では、him は John を指し示すことができない。それがなぜなのかを、その文の深層構造を樹形図で書き表したうえで、説明せよ。(ヒント：(15b)では、(15a)と異なり、learn の主語が明示されていないことに注目。)

(15) a. Our learning that John$_i$ had won the race surprised him$_i$.
　　 b. *Learning that John$_i$ had won the race surprised him$_i$.

(Chomsky 1968, p. 46–47)

4.1.2　局所性

これまでは、代名詞とその先行詞との間の構造上の高さ関係に関する意味解釈条件を見てきたが、次に、この 2 つの間の関係には「近さ」に関する意味解釈条件が存在することを見ていく。専門的に言えば、代名詞とその先行詞の間の「**局所性**」(**locality**)に関わる意味解釈条件についてである。この局所性の観点からすると、代名詞は大きく 2 種類に分類することができる。1 つ目の部類には、再帰代名詞(–self)や相互代名詞(each other, one another)が属し、直感的に言えば、これらの代名詞はその先行詞と近い所になければな

らない。これに対して、もう1つの部類に属するのが、he, she, it 等のいわゆる普通代名詞で、この種の代名詞はその先行詞と近い所にあってはならない。問題は、この「近さ」をどうやって構造上規定するかであるが、そのためにまず最初に、以下のデータを考察する。

(16) a.　John hates himself.
　　 b.　*John knows that［Mary hates himself］.
(17) a.　John and Mary hate each other.
　　 b.　*John and Mary know that［Bill hates each other］.
(18) a.　*John$_i$ hates him$_i$.
　　 b.　John$_i$ knows that［Mary hates him$_i$］.

(16b)では、himself は男性を指し示すことから先行詞は John でなければならないが、この文が非文法的であることから、himself と John の位置関係が遠すぎることを示唆している。同様に、(17b)では、each other はその意味特性上、複数の人を指し示す NP をその先行詞として取らなければならないので、John and Mary がその先行詞と解釈されなければならないが、この文の非文法性はその位置関係が遠すぎることを示している。また、(18a)で him が John を指し示すことができないという事実は、この代名詞と先行詞の位置関係が近すぎることを示しているのに対して、(18b)で him が John を指し示すことができるということは、その位置関係が今問題にしている近さ関係の尺度からすると十分に遠いものであることを示している。ちなみに、(18a)の非文法性は、(9)の高さ関係に関する意味解釈条件からは導き出せないことに留意してほしい。

　(16)から(18)のデータを見て1つ気がつくことは、今問題にしている2種類の代名詞は、構造上同じ場所には生起できないということである。(16a)と(18a)を比較すると、(16a)の himself の位置に him が生起できないことがわかるし、(16b)と(18b)を比較すれば、(18b)の him の位置に himself が生

起できないことがわかる。こういうふうに、ある2つの統語的要素の生起できる場所がお互いに重ならない場合、それら2つのものは「**相補分布**」（complementary distribution）を成すと言う。ここでは、再帰代名詞と相互代名詞のグループが普通代名詞と相補分布を成していることになる。このことは、今問題にしている「近さ関係」に関する条件に関して、この2種類の代名詞がお互いと正反対の条件を課していることから、うかがい知ることができる。

さて、この近さ関係を構造上の概念を用いてどう規定するかが問題となるが、まず真っ先に考えられるのは、この関係を「同一節内」（＝同じS内）という概念を用いて捉えることであろう。この捉え方に従えば、今問題にしている意味解釈条件を以下のように定式化することができる。

(19) a. 再帰・相互代名詞は、それと同一節内に先行詞がなければならない。
    b. 普通代名詞は、それと同一節内に先行詞があってはならない。

この定式化は、代名詞が示す局所性を捉えるのに単純明快で望ましいものに思われるが、事はこれほど単純にはできていない。以下のデータを参照せよ。

(20) a. *The candidates expected [John to vote for themselves/each other].
    b. The candidates expected [themselves/each other to win].
(21) a. The candidates$_i$ expected [John to vote for them$_i$].
    b. *The candidates$_i$ expected [them$_i$ to win].

第2章4節で、expectの後にNP to VPと続く場合には、これらの句全体でSを成していることを述べたことを思い起こしてほしい。そうすると、(20a)では、themselves/each otherが属する節内にそれらの先行詞が含まれて

いないので、(19a)より正しくこの文の非文法性を捉えることができる。しかしながら、全く同様の理由で、(20b)も非文法的であることを予測してしまうが、これは事実に反する。(21)の文は普通代名詞の例であるが、(21a)では、them が属する節内にその先行詞が含まれていないので、(19b)より正しくその文の文法性を捉えることができるが、(21b)でも同様に、them とその先行詞は別々の節に属するので、誤って文法的であると予測されてしまう。したがって、近さ関係を測る新たな概念が必要となる。

(16)から(18)のデータと(20)と(21)のデータを合わせて考察すると、主語が介在するかどうかが近さ関係を測る鍵となっていることがわかる。すなわち、再帰・相互代名詞の場合は、以下に図式化したように、その先行詞との間に主語が介在する場合、非文法的となっている。

(22) *[$_S$ 先行詞 ... [$_S$ 主語 ... 再帰／相互代名詞]]
　　　（ここで、下付きの S は Sentence を表す）

これに対して、普通代名詞の場合は、その先行詞との間に主語が介在した場合に限って文法的となっている。

(23) [$_S$ 先行詞$_i$ ... [$_S$ 主語 ... 普通代名詞$_i$]]

Chomsky(1973)では、代名詞とその先行詞との関係(これを照応関係(anaphoric relation)と呼ぶ)に関する局所性の条件として、こういった主語が介在するかどうかに基づいて、**指定主語条件**(**Specified Subject Condition**, 略して SSC)が提唱された。この条件は、実際には照応関係のみならず、移動規則などを含む変形規則及び意味解釈規則全般に働く一般的条件として提案されたものではあるが、ここでは、説明の都合上、照応関係にのみ適用するものとして話を進めていく。そうすると、指定主語条件は以下のように定式化することができる。

(24) a. 再帰・相互代名詞とその先行詞との間に主語が介在する場合、その照応関係は成り立たない。
   b. 普通代名詞とその先行詞との間に主語が介在する場合、その照応関係は成り立つ。

　この条件に指定主語という名が付いているのは、ここで問題にしている「主語」という概念がある特定の意味に解されることによる。1つには、この主語という概念が、「文の主語」のみならず「名詞句の主語」という概念を含み込んでいることを意味する。すなわち、以下の例文において、Mary's は名詞句の主語とみなされるということである。

(25) a. *The men like [Mary's pictures of themsleves/each other].
   b. The men$_i$ like [Mary's pictures of them$_i$].

これらの例文において、Mary's を指定主語条件で述べられている指定主語に相当すると仮定すれば、これらの文法性は容易に説明がつく。すなわち、(25a)では、Mary's という主語が介在しているので、(24a)より、themselves/each other とその先行詞との照応関係は成り立たないのに対して、(25b)では主語が介在しているので、(24b)より、them とその先行詞との照応関係が成り立つ。
　指定主語のもう1つの特殊な意味は、発音されない要素 PRO に関係する。以下の例文の文法性(すなわち、文法的であるか非文法的であるか)が指定主語条件によっていかに説明されうるかを考える。

(26) a. Bill persuaded John and Mary to kill themselves/each other.
   b. *Bill persuaded John and Mary$_i$ to kill them$_i$.

これらの文の深層構造は概略以下の通りである。

(27)a.　Bill persuaded John and Mary_i [_s PRO_i to kill themselves/each other]
　　b.　*Bill persuaded John and Mary_i [_s PRO_i to kill them_i]

(27a)において、再帰・相互代名詞とその先行詞 John and Mary との間に PRO という主語が介在するので、(24a)に述べられた指定主語条件によって、その照応関係が不可能であることになってしまうが、それは事実と異なる。しかし、この場合、PRO は John and Mary を指し示しているので、再帰・相互代名詞の先行詞を John and Mary と決めつける必要はなく、PRO をその先行詞とみなすことができる。この照応関係は、明らかに(24a)に述べられた指定主語条件を満たしているので、事実を正しく捉えることができる。

これに対して、(27b)であるが、仮に them の先行詞を PRO とみなせば、この照応関係には主語が介在していないので、(24b)に述べられた指定主語条件によってその照応関係が成り立たないこと、またその結果、them は PRO の先行詞である John and Mary を指せないことを正しく導き出すことができる。しかしながら、もし them の先行詞を John and Mary とみなした場合にはどうであろうか。この場合には、PRO という主語が介在することになるので、(24b)の指定主語条件によって、them が John and Mary を指し示すことができることになってしまう。

この問題を解決する手立てはいろいろと考えられるが、Chomsky(1973)では、指定主語の概念に以下のような条件を付した。

(28)　当該の代名詞とその先行詞との間に主語が存在し、さらに、その主語がその先行詞と照応関係にある場合は、その主語は指定主語とはみなされない。

そうすると、(24)で述べられた「主語」を「指定主語」と置き換え、それを

(28)の条件付きの主語と解釈し直せば、(27b)で、themの先行詞をJohn and Maryとみなしてもその照応関係が成り立たないことを捉えることができる。なぜならば、この場合、介在するPROはJohn and Maryと照応関係にあり、(28)の条件に従えば、指定主語とはみなされず、結果、themとJohn and Maryの間に指定主語が介在しないことになり、指定主語条件に違反するからである。同様に、(27a)において再帰・相互代名詞の先行詞をJohn and Maryとみなしても、その照応関係が成り立つことが正しく捉えられる。というのは、介在するPROが(28)の条件によって、指定主語とみなされないからである。

以上の説明を踏まえて、(24)の指定主語条件を再定式化すると以下のようになる。

(29) a. 再帰・相互代名詞とその先行詞との間に指定主語が介在する場合、その照応関係は成り立たない。
　　 b. 普通代名詞とその先行詞との間に指定主語が介在する場合、その照応関係は成り立つ。
　　　　ただし、指定主語とは、代名詞の先行詞と照応関係にはない文の主語または名詞句の主語を指す。

【問題5】以下の例文の深層構造を樹形図で表したうえで、それぞれの文の文法性を指定主語条件を使って説明せよ。

(30) a. *John and Mary persuaded Bill to kill themselves/each other.
　　 b. John and Mary$_i$ persuaded Bill to kill them$_i$.

これまで、近さ関係を測る尺度として主語が介在するかどうかが関係していることを述べてきたが、実際にはこの尺度だけでは不十分である。以下のデータを参照せよ。

(31)a.　*The candidates expected［that themselves/each other would win］.
　　b.　The candidates_i expected［that they_i would win］.

指定主語条件では、これらのデータの文法性を説明できないことを確認してほしい。(31a)では、themselves/each other とその先行詞との間に主語が介在していないにもかかわらず、非文法的となっているし、(31b)では、they とその先行詞との間に主語が介在しないにもかかわらず、文法的となっている。(31a)では、themselves/each other が埋め込み節の主語の位置に生起している点において(20b)と同様であるが、この文とは異なって非文法的である。また、(31b)では、they が埋め込み節の主語の位置に生起している点において(21b)と同様であるが、この文とは異なって文法的である。したがって、(31)のデータは、主語以外に近さ関係を測る尺度が必要であることを示しているが、いったいどのような尺度を用いれば、これらのデータを説明できるであろうか。

　(31)の文では、(20b)や(21b)とは違って、代名詞が時制節(すなわち、現在、過去などの時制が明示された節)に含まれていることに注目してほしい。この観察に基づき、Chomsky(1973)はもう１つの局所性条件として、**時制節条件(Tensed-S Condition,** 略して TSC)を提唱している。この条件もまた、移動規則や意味解釈規則全般に働く一般的条件として提案されたものであるが、ここではもっぱら代名詞の照応関係に働く条件と解しておく。そうすると、以下のように定式化することができる。

(32)a.　再帰・相互代名詞とその先行詞との間に時制節が介在する場合、その照応関係は成り立たない。
　　b.　普通代名詞とその先行詞との間に時制節が介在する場合、その照応関係は成り立つ。

この場合、「時制節が介在する」とは、先行詞が時制節の外にあって代名詞

が時制節に含まれることを意味している。指定主語条件と時制節条件をまとめると以下のようになる。

(33) a. 再帰・相互代名詞とその先行詞との間に指定主語または時制節が介在する場合、その照応関係は成り立たない。
 b. 普通代名詞とその先行詞との間に指定主語または時制節が介在する場合、その照応関係は成り立つ。

以上、代名詞の意味解釈条件として、高さに関わる条件と近さに関わる条件を見てきたが、普通代名詞についてはこの両方に関する条件が出そろっているのに対して、再帰・相互代名詞については近さに関わる条件しか述べていない。実際、この後者のタイプの代名詞に対しても、高さに関する条件が働いていることが観察されてきている。以下の例を参照せよ。

(34) a. John and Mary know each other's friends.
 b. *Each other's friends know John and Mary.
(35) *For themselves/each other to win would be unfortunate for John and Mary.

これらの例からわかることは、再帰・相互代名詞がその先行詞よりも構造上低い位置になければならないということである。これをc統御の概念を用いて定式化すれば、以下のようになる。

(36) 再帰・相互代名詞はその先行詞によってc統御されなければならない。

この条件により(34)と(35)のデータを説明できることが容易に見て取れると思う。

第 4 章　意味解釈規則とは？　119

　これで、2 種類の代名詞について、それぞれ、高さに関わる意味解釈条件と近さに関わる意味解釈条件が出そろったことになるが、最後に、この「高さ」と「近さ」の間の関係について簡単に述べておく必要がある。というのは、これまで読者はこの 2 つの概念はそれぞれ別個の意味解釈条件に属していると理解してきたと思われるが、実際にはある依存関係が存在する。以下のデータを参照せよ。

(37) a.　*John$_i$ hates him$_i$.
　　 b.　John$_i$'s mother hates him$_i$.

(37a) の文は、上で見た (18a) と同文であるが、この非文法性は (33b) によって説明がつく。しかしながら、(37b) の文では、事実として him は John を指し示すことができるのであるが、(33b) によれば、(37a) と同様、主語も時制節も介在していないので、him と John との間の照応関係は成り立たないはずである。この事実はいったい何を示唆しているのであろうか。(37) の 2 つの文を比べて John と him の構造関係に着目すると 1 つ明らかになることは、(37a) では John は him を c 統御しているが、(37b) では John は him を c 統御していないということである。このことは、(33) で定式化された近さに関わる意味解釈条件が、先行詞が代名詞を c 統御するという高さに関わる条件を満たしたうえで発動されることを示唆している。この考え方に従って、(33) を再定式化すると以下のようになる。

(38)　　代名詞が先行詞によって c 統御される場合、以下のような条件が働く：
　 a.　再帰・相互代名詞とその先行詞との間に指定主語または時制節が介在する場合、その照応関係は成り立たない。
　 b.　普通代名詞とその先行詞との間に指定主語または時制節が介在する場合、その照応関係は成り立つ。

このように定式化すれば、(37b)においては(38)に述べられた近さに関する意味解釈条件が働かないこととなり、その文法性を正しく捉えることができる。また、これまで近さに関する条件に関わるデータとして上で掲げてきたものはすべて先行詞が代名詞をc統御するケースであったので、(38)のように再定式化しても影響は被らない。さらに、再帰・相互代名詞の場合には、その高さに関する条件として、「先行詞によってc統御されなければならない」という条件が別個に課せられているので、(38)の1行目にある条件を付け加えても付け加えなくても状況は変わらないことを確認してほしい。まとめると、(38)の意味解釈条件から結論されることは、代名詞とその先行詞との間の局所性は、先行詞が代名詞をc統御する場合にのみ働くと言うことができる。

4.2　表層構造に関わる意味解釈

これまで仮定してきた文法モデルでは、意味解釈規則はもっぱら深層構造で適用するものとされてきた。本節では、この仮定をくつがえし、表層構造でも意味解釈規則を適用する必要性があることを示していく。まず前節で述べた代名詞に関わる意味解釈条件が深層構造で適用すべきか、それとも表層構造で適用すべきかを調べていく。

> 【問題6】以下の例文の深層構造を樹形図で書き表したうえで、それぞれの深層構造に代名詞の意味解釈条件を適用した場合、それぞれの文の文法性を正しく予測できるかを調べよ。(ヒント：(39b)と(40b)には主語繰り上げ規則が適用している。)
>
> (39) a.　It seems to Mary$_i$'s mother that she$_i$ is honest.
> 　　 b.　*She$_i$ seems to Mary$_i$'s mother to be honest.
> (40) a.　*It seems to each other that John and Mary are smart.

b. John and Mary seem to each other to be smart.

(39b)と(40b)の文は、基本的には、それぞれ(39a)と(40a)の深層構造と同様の構造を持つので、(39b)では(39a)と同様、she は Mary を指し示すことができるはずであるし、(40b)では(40a)と同様、John and Mary は each other の先行詞として働くことはできないはずである。しかし事実は予測に反するものである。このことは代名詞の意味解釈条件を深層構造で適用することが妥当でないことを示唆している。

それでは、これらの意味解釈条件を表層構造で適用することにしたらどうであろうか。(39a)と(40a)については、今問題にしている意味解釈条件の働き方を調べる限りにおいては、深層構造も表層構造も同じであるとみなすことができるので(表層構造は、深層構造から主節の Pres に Affix Hopping を適用することによって得られる)、この条件を表層構造で適用することにしても、得られる結果は以前と何ら変わるところはない。問題は(39b)と(40b)である。(39b)の表層構造は以下の通りである。

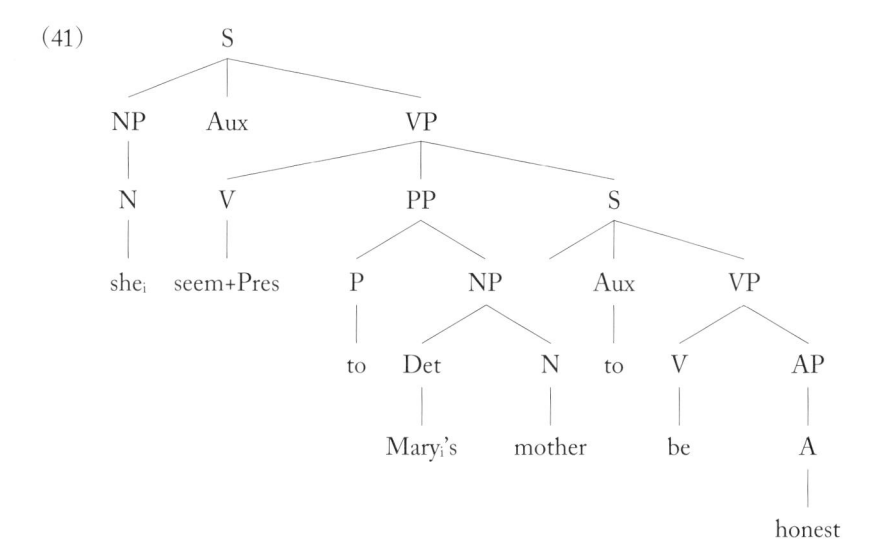

(41)
```
                    S
        ┌───────────┼───────────┐
       NP          Aux          VP
        │                ┌───────┼───────┐
        N                V       PP      S
        │                │   ┌───┴──┐  ┌─┼────┐
       she_i        seem+Pres P    NP  Aux    VP
                              │  ┌─┴─┐  │   ┌──┴──┐
                              to Det  N  to  V    AP
                                  │   │      │    │
                               Mary_i's mother be  A
                                                   │
                                                honest
```

この表層構造において、she は Mary を c 統御するので、「代名詞はそれが c 統御する名詞を指し示すことはできない」という高さに関する意味解釈条件（9）に抵触し、(39b) の非文法性を正しく捉えることができる。

【問題 7】(40b) の表層構造を (41) にならって樹形図で書き表したうえで、この構造において、each other が高さに関する意味解釈条件と近さに関する意味解釈条件の両方を共に満たすことを確認せよ。

【問題 8】以下の例文を使って、代名詞の意味解釈条件が深層構造ではなく表層構造で適用しなければならないことを説明せよ。（注：WH 移動規則によって移動した WH 句は Comp の下に入るものと仮定せよ。）

(42) a. John saw himself.
  b. *Himself was seen by John.
(43) a. *John knows that Mary likes the picture of himself.
  b. John knows [which picture of himself] Mary likes.

4.2.1 表層主語の意味

前節で、代名詞の意味解釈条件が表層構造で適用する必要性を見てきたが、他にも表層構造で意味解釈が適用していると思われる事例がある。その 1 つが、いわゆる「表層主語の意味」と呼ばれるものである。以下の例を考察する。

(44) a. Einstein has visited Princeton.
  b. Princeton has been visited by Einstein. （Chomsky 1970b, p. 111）

この 2 つの文は、能動文とそれに対応する受動文の関係にあり、同一の意味を持つことが期待される。とりわけ、「主・述・目的語」といった意味関係については、どちらの文においても、Einstein が主語であり、visit Princeton

がそれに対応する述語であり、また、Princeton が visit の目的語である。今仮定している文法モデルでは、この意味関係に関する同一性を捉えるために、(44a, b) は同一の深層構造を持ち、その構造に第 2 章で述べた「主・述・目的語」を読み取る意味解釈規則が適用する。そして、(44b) は受動変形規則によって派生される。したがって、意味解釈規則が深層構造のみで適用する限り、この 2 つの文は同一の意味を持つことになる。

しかしながら、この 2 つの文には、ある重要な意味の違いを見て取ることができる。これらの文を日本語に訳せば以下のものに対応すると考えられる。

(45) a. アインシュタインはプリンストンを訪れたことがある。
　　 b. プリンストンはアインシュタインに訪れられたことがある。

この 2 つの文の意味の違いがおわかりであろうか。直感的に言えば、(45a) の文がアインシュタインについて語っているのに対して、(45b) ではプリンストンについて語っている。このことは、「〜したことがある」という経験を表す表現が付け加わることでよりはっきりとする。すなわち、(45a) では、アインシュタインについてその経験を語っていることになるが、ご存知の通り、アインシュタインはすでに亡くなっているので、この文は奇異に感じられると思う (この文にそれほど違和感を覚えない読者でも、「私の亡くなった父はプリンストンを訪れたことがある」という文には、違和感を感じるのではないであろうか)。それに対して、(45b) では、プリンストンについてその経験を語っていることになるが、プリンストンは現存するので全く自然な文である。この意味の差が英語の (44a, b) にもそのままあてはまる。

それでは、この意味の差をどのようにして捉えたらよいであろうか。最も自然な捉え方は、表層構造でも深層構造と同様の「主・述・目的語」に関する意味解釈規則を適用することであろう。とりわけ、表層構造の意味解釈において重要となってくるのが「主語−述語」関係である。よって、以下のよ

うな意味解釈規則が存在すると考えられる。

(46) 主語、述語を決定する意味解釈規則を表層構造においても適用せよ。

注意しなければならないのは、深層構造における主語の役割と表層構造での主語の役割は同一ではないということである。この2つの主語を区別するために、前者の主語を**論理主語**(logical subject)と呼び、後者の主語を**表層主語**(surface subject)と呼ぶのが習わしである。直感的に言えば、論理主語は動詞で表された行為や出来事の主体者であるのに対して、表層主語は基本的に「～について」というような文の話題(topic)を表すものである。これを具体例にそって説明していくと、(44a, b)は以下のような意味解釈を与えられる。

(47)a. (44a)：
    深層構造：Einstein 論理主語、visit Princeton 述語、Princeton 目的語
    表層構造：Einstein 表層主語、visit Princeton 述語
   b. (44b)：
    深層構造：Einstein 論理主語、visit Princeton 述語、Princeton 目的語
    表層構造：Princeton 表層主語、visited by Einstein 述語

(47a)では、論理主語も表層主語も Einstein であるので、この文の意味は、visit Princeton の主体者が Einstein であるのみならず、この文全体が Einstein について語られていることになる。それに対して、(47b)では、論理主語が Einstein であるので、(44a)の文同様、visit Princeton の主体者は Einstein であるが、表層主語は Princeton なので、この文は Princeton について語られていることになる。このように、表層構造において、(46)で述べられた意味

解釈規則を行うことによって、(44a, b)の意味の差を正しく捉えることができる。

> 【問題9】以下の例文の意味の差を、上述の説明にならって表層主語の概念を用いて説明せよ。(ヒント：(48a, b)の日本語訳は(49)に掲げた通りである。)
>
> (48) a.　Beavers build dams.
> 　　 b.　Dams are built by beavers.　　　　(Chomsky 1975, p. 97)
> (49) a.　ビーバーはダム(堰)をつくる。
> 　　 b.　ダム(堰)はビーバーによってつくられる。

4.3　作用域の意味解釈

これまで表層構造で適用する意味解釈規則として、代名詞の意味解釈条件と表層主語について述べてきたが、ここではさらに別の意味解釈を導入し、それが深層構造で適用すべきか表層構造で適用すべきかを考察する。その新しい意味解釈とは、あるタイプの言語表現が持つ**作用域**(scope)に関するものである。まず、以下の例文を使って作用域とは何かを説明する。

(50)　All arrows did not hit the target.

この文は以下に示す通り、2通りに解釈できる((50)そして以下の(53)、(57)の例文はChomsky(1970b)及びJackendoff(1972)で議論されているものに手を加えたものである)。

(51) a.　すべての矢が的に当たらなかった。
　　 b.　すべての矢が的に当たったわけではない。

(51a)が「的に当たった矢は全くなかった」という意味なのに対して、(51b)は、「すべてではないが、的に当たった矢はあった」といういわゆる部分否定の意味である。この２つの解釈がどのようにして生じるかであるが、まず以前見た１文で２つの意味を持つ多義文とは質的に異なることに注意してほしい。以前考察した多義文は、Mary saw the man with binoculars.のように、それに対応する深層構造が複数存在し、それぞれの深層構造に、主・述・目的・修飾語に関する意味解釈規則を適用した結果、別々の意味解釈が生じたケースである。これに対して、(51a, b)のどちらの意味においても、主・述・目的・修飾語に関する意味解釈規則を適用して得られる結果は同じである。すなわち、どちらの意味においても、主語は all arrows であり、述語は hit the target であり、また目的語は the target である。したがって、この２つの意味解釈の出所は別の意味解釈規則に求められなければならない。

　そこで登場してくるのが「作用域」という概念である。作用域とは、あるタイプの言語表現について、その表現の意味が及ぶ範囲を示すものである。さらに、１文に２つ以上の作用域を取る要素が含まれる場合、比喩的に言えば、お互いが自分の作用域を主張しあい、結果、どちらの作用域が広いか狭いかという事態が生じてくる。作用域を取る表現には、否定辞の not やあるものを数量的に表現する**数量詞**(**quantifier**)などがある。(50)では、not と数量詞句である all arrows が作用域を取る表現である。したがって、これら２つの間でどちらの作用域が広いかということが問題となる。(51)に掲げられた２つの意味解釈は、この作用域の違いから出てくる。すなわち、(51a)は all arrows が not より広い作用域を取るときの意味であり、(51b)は not の方が広い作用域を取るときの意味である。わかりやすく表せば、以下のようになる(ここで A > B は「A は B より作用域が広い」ことを意味する)。

(52)a.　(51a)：all arrows > not
　　　　　ALL ARROWS〔did not hit the target〕
　b.　(51b)：not > all arrows

NOT［all arrows hit the target］

　(52a)は all arrows の広い意味を表し、all arrows の意味勢力範囲が did not hit the target 全体に及んでいる。したがって、「的に当たらなかった矢は、すべてであった」というふうに解釈される。これに対して、(52b)は not の広い意味を表し、not の意味勢力範囲が all arrows hit the target 全体に及び、「すべての矢が的に当たった、ということはない」というふうに解釈される。

　次に考察しなければならないのは、どのような意味解釈規則によって今問題にしている作用域の広狭が決まるのかということである。可能性は、少なくとも2つ考えられる。1つは、ある文に2つ以上の作用域を取る表現が出てきた場合には、これらの表現が構造上どのような位置に生起しているかにかかわらず、常にお互いの広い作用域が可能であるとする意味解釈規則を設けるものである。作用域を取る表現が2つ出てきた場合には、上で見た通り、2通りの読みが生じ、そして3つ出てきた場合には3×2×1=6で6通り等々。

　もう1つは、構造に依存した意味解釈規則を設けるものである。この後者の意味解釈規則は、言わば「構造依存性」の特性を示すものである。主・述・目的・修飾語の意味解釈規則や代名詞の意味解釈規則にこの特性が見られることはすでに述べたが、興味深いことに、この作用域に関する意味解釈規則にも構造依存性が見られる。以下の例文は、論理的には、(53a, b)に示した通り、all arrows と not に関してお互いの広い読みを考えることはできるが、実際には(53b)に掲げた not の広い読みのみ可能である。

(53)　　John did not buy all arrows.
　　a.　＊ジョンはすべての矢を買わなかった。　　　　（all arrows > not）
　　b.　ジョンはすべての矢を買ったわけではない。　　（not > all arrows）

　(50)と(53)の言語事実から、どのような作用域に関する意味解釈規則が考

えられるであろうか。(50)では、all arrows が主語の位置にあり、その場合には not より広い作用域が可能であるのに対して、(53)では、all arrows が目的語の位置にあり、その場合には、not より広い作用域が不可能である。このことは、構造上の高さ関係が作用域の広狭に関係していることを示唆している。これを手がかりに、作用域の意味解釈規則をどう定式化できるかを考えていくが、そのためにはまず(50)と(53)の深層構造及び表層構造を見ていく必要がある。前章で、not は Not 挿入規則という変形規則によって導入されることを述べたが、これを仮定すると、深層構造には not が存在しないことになり、この構造においては、not と all arrows の作用域に関する意味解釈規則を適用できないことになってしまう。このことは、今問題にしている意味解釈規則が必然的に表層構造で適用しなければならないことを示していると論じることも可能であるが、Not 挿入規則は生成文法の歴史の中でもかなり早い段階で破棄され、今では、not は深層構造の段階から存在すると考えるのが一般的である。したがって、ここでは、この慣例に従って、(50)と(53)は以下のような深層構造を持つものと仮定する。

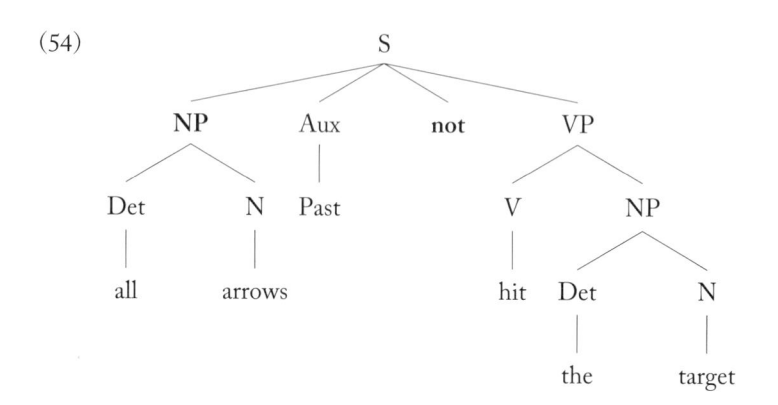

(54)
```
                    S
      ┌─────┬───────┬───────┐
      NP   Aux    not      VP
    ┌──┴──┐  │        ┌────┴────┐
   Det    N Past      V        NP
    │     │           │      ┌──┴──┐
   all  arrows       hit    Det    N
                            │      │
                           the   target
```

(55)

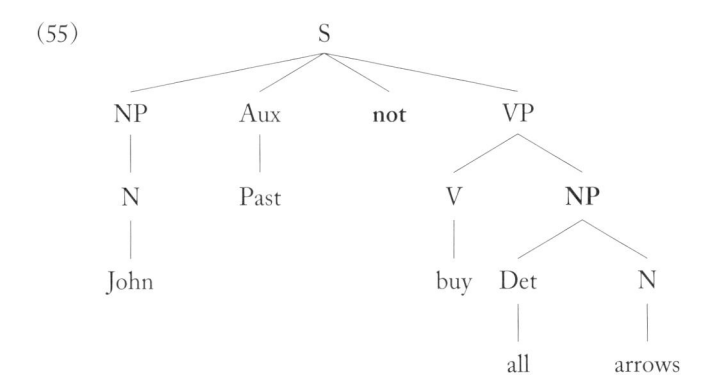

```
              S
    ┌─────┬───┬────┬─────┐
    NP   Aux  not   VP
    │     │       ┌──┴──┐
    N    Past     V    NP
    │     │       │  ┌──┴──┐
   John  Past    buy Det   N
                     │     │
                    all  arrows
```

　これに対して、表層構造は、(54)と(55)の深層構造にDo支え規則のみを適用して得られるので、今問題にしているnotとall arrowsの構造関係を見るためには、深層構造を見ても表層構造を見ても同じことである。ここでは、(54)と(55)の深層構造を使って、作用域の意味解釈規則の定式化を試みる。上で、構造上の高さ関係が作用域の広狭に関係していることを示唆しておいたが、これらの深層構造を見れば、その相関関係はより明らかであろう。代名詞の意味解釈規則のところで、高さ関係を測る尺度としてc統御を用いたことを思い起こせば、作用域に関する意味解釈規則は以下のように定式化することができる。

(56)　任意のαとβを作用域を取る表現とすると、αがβをc統御する場合、αはβより広い作用域を取る。

　この意味解釈規則によって、(54)では、all arrowsとnotがお互いをc統御しあうので、お互いが広い作用域を取る読みが可能であることが正しく捉えられる。また、(55)では、notはall arrowsをc統御するがall arrowsはnotをc統御しないので、(56)の意味解釈規則により、notの広い読みのみ可能になるはずであるが、これは事実と合致する。
　このように、作用域を決定する意味解釈規則にも構造依存性が見られるこ

とを示したが、今度は、この意味解釈規則が文法モデルのどのレベルで適用するのかを考察する。上でも述べたように、(50)と(53)のデータでは、その深層構造と表層構造はほぼ同じで、notとall arrowsの構造関係に関する限り、この2つのレベルで何ら変わるところはないので、これらのデータでは、今問題にしている意味解釈規則がどのレベルで適用するのかを決定することはできない。そこで、(53)に対応する受動文を考察することにする。

(57) All arrows were not bought by John.

この文は、(50)と同様、以下に掲げる2つの意味解釈を持つ。

(58)a. すべての矢がジョンによって買われなかった。　　(all arrows > not)
　　 b. すべての矢がジョンによって買われたわけではない。
　　　　　　　　　　　　　　　　　　　　　　　　　　　（not > all arrows）

> 【問題10】(57)の深層構造と表層構造を樹形図を使って書き表し、(56)の意味解釈規則が表層構造に適用すると、(57)が(58)の2つの意味解釈を持つという事実を正しく捉えられることを確認せよ。

(56)の意味解釈規則が表層構造で適用することを示す別のデータとして、以下の文を考察する。

(59)a. Everyone in the room knows at least two languages.
　　 b. At least two languages are known by everyone in the room.
　　　　　　　　　　　　　　　　　　　　　　　（Chomsky 1965, p. 224）

この2つの文は、能動文とそれに対応する受動文の関係にあり、深層構造で得られる主・述・目的語に関する意味関係は同一であるが、上で述べたよう

に、表層主語が何であるかについて違いがあり、(59a)では、everyone in the room について述べているのに対して、(59b)では、at least two languages について述べているという違いはある。しかしながら、意味の差はこれだけに止まらず、作用域の広狭から得られる意味の違いが存在する。これらの文に出てきている作用域を取る表現は、everyone in the room と at least two languages の2つの数量詞句である。これらの例文を日本語に訳すと以下の通りであるが、意味の差を考えてみてほしい。

(60) a. その部屋のすべての人は、少なくとも2カ国語を知っている。
b. 少なくとも2カ国語がその部屋のすべての人によって知られている。

それぞれの文の意味をわかりやすく考察するために、「その部屋のすべての人」が A, B, C, D の4人からなるものと仮定する。さらに、この4人の知っている言語が以下のようであったと仮定する。

(61)　A: 日本語、英語　　　　　C: 日本語、ドイツ語、中国語
　　　B: フランス語、ドイツ語　D: 英語、フランス語、イタリア語

この状況を表現するのに、(60a)の文が発話されたとする。その場合、この文は状況を正しく表しているであろうか。答えは当然「はい」である。それでは、(60b)の文が発話された場合にはどうであろうか。答えは「いいえ」となる。この文が表しているのは、例えば以下の状況のように、すべての人によって知られた共通の言語が少なくとも2つあるという場合である。

(62)　A: 日本語、英語　　　　　　　　C: 日本語、英語、ドイツ語
　　　B: 日本語、英語、フランス語　　D: 日本語、英語、ドイツ語、中国語

この意味の差は、そっくりそのまま、(59)の英文の意味の差にあてはまる。そして、この意味の差は、everyone in the room と at least two languages の作用域の広狭によると考えられる。すなわち、(59a)では everyone in the room の方が at least two languages より広い作用域を取っているのに対して、(59b)では、at least two languages の方が広い作用域を取っている。直感的に言えば、(59a)では、「少なくとも2カ国語を知っている」という特性が、すべての人それぞれにあてはまると言っているわけだから、これが everyone in the room の広い読みに対応する。この読みは、everyone の「配分的読み(distributive reading)」と呼ばれている。それに対して、(59b)では、「すべての人に知られている」という特性が、少なくとも2カ国語にあてはまると言っているわけだから、この場合が at least two languages の広い読み(ということは everyone in the room の狭い読みということになるが)に対応する。この読みは、everyone の「集合的読み(collective reading)」と呼ばれている。

　それでは、この(59)に見られる作用域の広狭に関する事実を(56)の意味解釈規則によって説明を与えることができるであろうか。また、どのレベルでこの意味解釈規則を適用すると正しい結果が得られるであろうか。

【問題11】(59)のそれぞれの文の深層構造と表層構造を樹形図を使って書き表し(便宜上、at least ははずして構造を書いて構わない)、(56)の意味解釈規則が表層構造に適用すると、事実を正しく捉えられることを確認せよ。

　作用域を取る数量詞句は、それを指し示す代名詞が同一文内に生起した場合には、その領域内に代名詞を含まなければならないという特性を持っている。以下のデータを参照せよ。

(63) a.　Every boy$_i$ loves his$_i$ mother.
　　 b.　*His$_i$ mother loves every boy$_i$.

この場合の領域を c 統御の定義に出てくる領域と同じものと解すると、この特性は以下の条件に言い直すことができる。

(64) 数量詞句はそれが指し示す代名詞を c 統御しなければならない。

そうすると、この条件によって、(63a)では every boy が his を c 統御するので、his は every boy を指し示すことができるが、(63b)では every boy が his を c 統御しないので、his は every boy を指し示すことはできない。(64)の条件が、数量詞句とその代名詞の照応関係において成り立つことに注意してほしい。以下のデータを参照せよ。

(65) His$_i$ mother loves John$_i$.

この文において、his は John を指し示すことができると言われている。(63b)と(65)の違いは、前者では、数量詞句とその代名詞の照応関係が問題となっており、(64)の条件の適用を受けるのに対して、後者では作用域を取らない John とその代名詞との照応関係が問題となっているので、(64)の条件は無関係である。この条件は、再帰・相互代名詞とその先行詞との高さ関係に関する条件(36)を彷彿とさせる。このことは、再帰・相互代名詞とその先行詞の照応関係と数量詞句とその代名詞の照応関係との間に、何か共通の特性が潜んでいることをうかがわせるが、ここではこの問題をこれ以上深く掘り下げることはしない。

上で、代名詞は数量詞句を「指し示す」という表現を使ったが、この場合の「指し示す」という用語は、(65)で his が John を指し示すという使い方とは意味を異にしている。たとえば、(63a)の意味は、「すべての少年は自分の母親を愛している」であり、もし仮に、「すべての少年」が少年 A，B，C の 3 人から成るとすると、(63a)の意味は、「少年 A は少年 A の母親を、少年 B は少年 B の母親を、そして少年 C は少年 C の母親をそれぞれ愛してい

る」となる。このことを、述語論理学でよく使われる表記を用いると以下のように表すことができる。

(66) すべての少年 x について、以下の命題が成り立つ。
　　　x loves x's mother.

上の表記に出てくる x は**変項**(variable)と呼ばれ、この場合であれば、すべての少年がとる意味的値(例えば、少年 A とか B とか C)に従って、その値も変化するようなものを言う。この表記において、his は every boy の変項として働いていることに着目してほしい。さらに、この表記から明らかなように、his は every boy を直接「指し示している」のではなく、every boy の変項(loves の主語の位置の x)を「指し示している」ということができる。したがって、この照応関係を**束縛変項照応関係**(bound variable anaphora)と呼ぶ。これに対して、(65)の his は John を直接に指し示しており、この照応関係を**共指示照応関係**(coreference anaphora)と呼ぶ。

さて、本節の主要問題である「意味解釈がどのレベルで適用するのか」という問題に立ち戻って、(64)の意味解釈規則がどのレベルで適用するかを考察する。そうすると、この意味解釈規則も表層構造で適用しなければならないことがわかる。

【問題 12】以下のそれぞれの文の深層構造と表層構造を樹形図を使って書き表し、(64)の意味解釈規則が表層構造に適用すると、事実を正しく捉えられることを確認せよ。

(67) a.　*The woman he$_i$ loved betrayed every boy$_i$.
　　　b.　Every boy$_i$ was betrayed by the woman he$_i$ loved.

4.4 痕跡理論の誕生

これまで表層構造で適用するさまざまな意味解釈規則を見てきたが、意味解釈規則の適用レベルをまとめると以下のようになる。

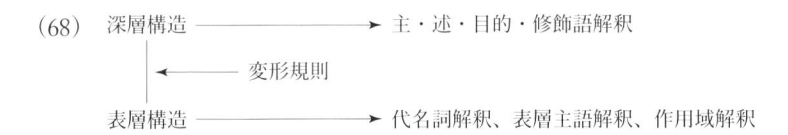

(68)　深層構造 ─────────→ 主・述・目的・修飾語解釈
　　　　　│←── 変形規則
　　　　表層構造 ─────────→ 代名詞解釈、表層主語解釈、作用域解釈

これまででわかってきたことは、主・述・目的・修飾語解釈以外の意味解釈規則はすべて表層構造で適用するということである。以前に、変形規則を導入したときの文法モデルを思い起こしてほしい。それは、概略、以下のようであった。

(69)　深層構造 ─────────→ 意味部門
　　　　　│←── 変形規則
　　　　表層構造 ─────────→ 音韻部門

このモデルでは、意味解釈規則は深層構造に適用するのに対して、音形化は表層構造に適用するという具合に、2つの表示レベルの間での音と意味の役割分担が明確であった。ちなみに、このモデルにおいて、意味解釈規則として想定されていたのは、もっぱら主・述・目的・修飾語解釈であったことを思い起こしてほしい。チョムスキーが1965年に提唱したこのモデルに基づく理論は、**標準理論**(Standard Theory, 略してST)と呼ばれた。これに対して、(68)に掲げられた文法モデルでは、音韻部門が表層構造に適用することについては何ら変わりはないが、意味部門については、意味解釈規則の種類によって、深層構造のみならず表層構造がその入力として働いていることになる。この文法モデルを基にした理論は、Chomsky(1972)に詳しく論じら

れ、**拡大標準理論**(Extended Standard Theory, 略して EST)と名付けられた。

　この(68)に掲げる文法モデルが提唱されてまもなく、さらなる文法モデルの改良がなされた。読者は、いかなる改良であったかを推測できるであろうか。それは、意味解釈規則をすべて表層構造に対して適用するというものであった。図示すると以下のようになる。

(70)　　深層構造
　　　　　　│　←────　変形規則
　　　　表層構造 ────────→ 　音韻部門 、 意味部門

(68)の文法モデルから(70)への移行は、純粋に理論的な目で見れば、ごく自然なものと言える。なぜならば、意味解釈規則を2つの表示レベルに適用するという場合は、なぜあるものは深層構造に適用して、別のものは表層構造に適用するのかなどの疑問が生じ、意味解釈規則の適用の仕方がある意味不可解なままに残されているという印象を免れないが、(70)のように1つの表示レベルで適用するとすれば、なぜそのレベルで適用するのかという問題は残るにせよ、統一性がとれている分、理論的にはよりきれいで望ましいものと言えるからである。

　しかし、これだけでは、(68)の文法モデルから(70)への移行が十分に正当化されるわけではなく、さらに考察しなければならないのは、この新しいモデルにおいても事実を正しく把握できるかという経験的問題である。この問題を考察するうえで、まず確認しなければならないことは、(68)の文法モデルが(70)へ移行することによって具体的にどこが変わったのかということであるが、それは、主・述・目的・修飾語解釈が深層構造にではなく表層構造に適用されるということである。そして、問題は、この改定によって何か新たな経験的問題を引き起こさないかどうかということである。そこで、まず、主・述・目的・修飾語解釈がこれまでなぜ深層構造に適用するものと考えられてきたのかを再検討する。第3章の冒頭で取り上げた以下の文を思

い起こしてほしい。

(71) Who will John see?

この文の表層語順を考察すると、今問題にしている主・述・目的・修飾語解釈の観点から問題となったのは、「who は see の目的語と解釈されるにもかかわらず、文頭に置かれている」ということであった。そして、こういった事実が示唆しているのは、ある特殊な構文においてはその表面上の語や句の並びがいわゆる「標準的な構造」からずれが生じていること、またその結果としてその表面上の構造が必ずしも主・述・目的・修飾語等の構造から得られる意味関係を正しく表していない、ということであった。この事実を捉えるために考案されたのが、標準理論の文法モデルであった。すなわち、(71) の文は、その深層構造において、主・述・目的・修飾語解釈を純粋に読み取ることが可能な以下のような構造をしていると仮定された。

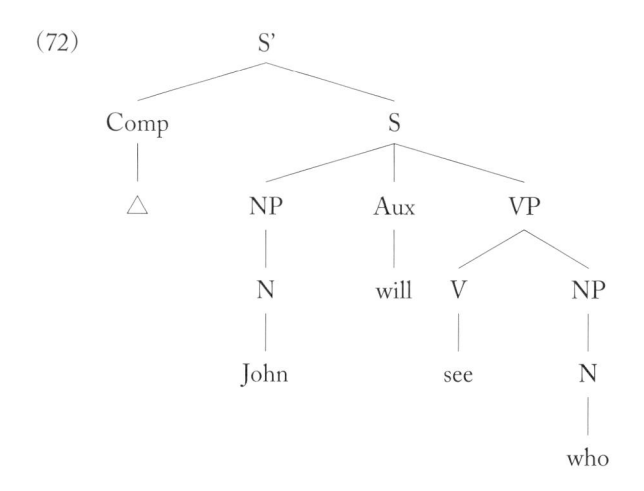

(72)
```
            S'
           /  \
        Comp    S
         |    / | \
         △  NP Aux VP
             |  |  / \
             N  will V  NP
             |      |   |
            John   see  N
                       |
                      who
```

(この構造は、以前仮定した深層構造と、空の Comp とその上位範疇に S' を付け足した点において異なっているが、それは、下の(73)の表層構造からわ

かるように、who の移動先を確保しておくためのものである。)この構造において、who は VP のすぐ下の位置にあり、正しく see の目的語と解釈できる。この深層構造から、SAI と WH 移動規則によって、以下のような表層構造が導き出される。

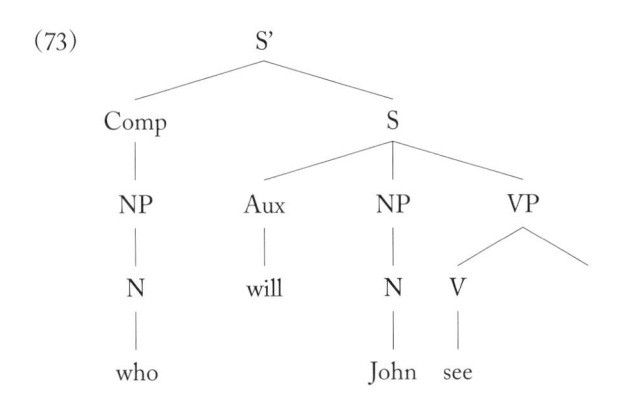

(73)
```
              S'
           ／    ＼
        Comp      S
         |     ／|  |＼
        NP   Aux NP  VP
         |    |   |  ／＼
         N   will N  V
         |        |  |
        who     John see
```

　この表層構造において、who が see の目的語であるという情報は失われている。したがって、主・述・目的・修飾語解釈は、(72)の深層構造において適用する必要があった。以上の考察からわかることは、(73)のような表層構造を仮定している限り、主・述・目的・修飾語解釈規則を表層構造で適用することはできないということであり、したがって、このままでは、(70)の文法モデルを採用することはできないということである。

　この問題を解決する方策として、深層構造で得られた情報を表層構造にもそのまま持ち越せるように、表層構造をこれまでより豊かな構造にすることが提案された。どういう点において構造が豊かにされたかというと、移動変形規則が適用した場合には、その移動元がどこであったのかについての印を表層構造に残すという点であった。その印を痕跡(trace)と呼び、文法の中での痕跡の役割を規定した理論を**痕跡理論**(**trace theory**)と呼ぶ。この理論においては、(71)の表層構造は以下のようになる。

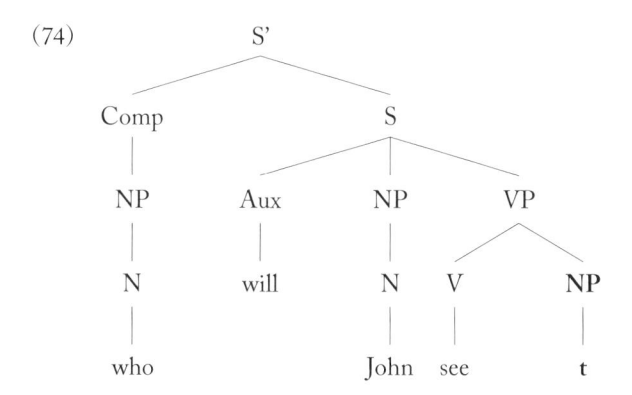

(74)
```
            S'
           /  \
        Comp   S
         |    /|\ \
         NP  Aux NP VP
         |   |   |  /\
         N  will  N V  NP
         |       | |   |
        who    John see t
```

　ここでtと印されたNPがwhoの移動に伴って残された痕跡を表す。この構造を仮定すると、主・述・目的・修飾語解釈規則を表層構造で適用する可能性が出てくる。というのは、(74)の構造には、whoがもともとVPのすぐ下に位置し、seeの目的語として働いていたという情報が、痕跡によって保持されているからである。

　それでは、具体的に、(74)にどう主・述・目的・修飾語解釈規則が適用されるのかを考察しなければならない。そのためにまず仮定されなければならないのは、移動した句とその痕跡は、今問題にしている意味解釈規則の観点から言えば、2つの要素があたかも1つの要素の分身であるがごとく、一心同体の存在だということである。というのは、主・述・目的・修飾語といった意味役割は、これら2つの要素に別々に与えられるわけではなく、2つの要素から成るひとまとまりに与えられるものだからである。これを専門的に言えば、移動した句とその痕跡は、**チェーン**(chain)を成すと言う。そして、今問題にしている意味役割は、厳密に言えば、チェーンに付与されることになる。たとえば、(74)で言えば、whoとtはチェーンを成し、このチェーンにseeの目的語という意味役割が付与されれば、間接的にではあるが、whoがこの意味役割を担っていることがわかる。それでは、このチェーンがseeの目的語の働きをしていることが、どのようにして(74)の構造から読み取れるであろうか。答えは、当然のことながら、痕跡の位置に着目すればわか

る。したがって、以下のような意味解釈規則が必要となる。

(75) あるチェーンの意味役割は、その痕跡の位置によって決定される。

このチェーンの意味解釈に関わる条件によって、(74)の who と t から成るチェーンは、その痕跡の位置が VP のすぐ下に位置していることによって、see の目的語という解釈を受け、結果的に、who は see の目的語とみなされることになる。

このように、痕跡と移動した句から成るチェーンは、(75)に述べられた意味解釈に関わる特別な条件に従うことになるが、これとは対照的に、表面上は似通った関係にある PRO とその先行詞との間にはチェーンは構成されず、PRO とその先行詞とはそれぞれ別々の意味役割を担うことになる。

【問題13】以下の文それぞれの表層構造を樹形図で表し、その構造から主・述・目的・修飾語解釈規則を適用することによって、いかなる意味解釈が得られるか述べよ。

(76) a. John tried to stand on his head.
   b. John seems to be honest.

以上をまとめると、意味解釈規則をすべて表層構造で行うという新しい文法モデルにあっては、移動した後に残される「痕跡」を仮定することによって、深層構造の構造情報を表層構造に持ち越すことが可能となり、その結果、主・述・目的・修飾語解釈規則を表層構造で正しく適用することができるようになった。痕跡の存在は、言わば、(70)に示された新しい文法モデルを仮定することによってその必要性が出てきたという点において、「理論的に動機づけられたもの」と言うことができる。

さらに、この理論的動機づけとは別個に、痕跡の存在は、データから直接

的に支持されるという意味で「経験的動機づけ」を持つ(詳細は、Chomsky (1975)及び Chomsky(1977)を参照のこと)。その最もよく知られた例が、want to が口語では wanna と発音されるという「**wanna 縮約(contraction)**」という現象に関するものである。want to は以下の文に示される通り、want to が隣り合っている場合に限って、wanna と縮約される。

(77) a.   I want to see Mary. → I wanna see Mary.
   b.   I want you to go out. → *I wanna you go out.

これを念頭において、以下の文を考察する。

(78) a.   Who do you want to see?
   b.   Who do you want to go out?

(78a)では、who は see の目的語として解釈されるのに対して、(78b)では、who は go out の主語として解釈される。これを痕跡を用いて表示すれば以下のようになる。

(79) a.   [$_{S'}$ who [$_S$ do you want to see t]]
   b.   [$_{S'}$ who [$_S$ do you want t to go out]]

さて、この2つの文において wanna 縮約が可能かどうかであるが、発音するというレベルで考察すれば、これらの文の両方ともに want と to が隣り合っているので縮約が可能なように思われるかも知れないが、実際には、(78a)では縮約可能であるが、(78b)では不可能である。この事実をどう説明するかは、(79)の痕跡付きの表示を見れば十分に明らかであろう。すなわち、(79a)では want と to の間に痕跡が介在していないので wanna 縮約が可能であるが、(79b)では痕跡が介在するために wanna 縮約が不可能となって

いると考えることができる。このことは、痕跡が、音形化されることのない実在物として表層構造に存在し、(77b)の you と同様に、wanna 縮約の操作を阻止しているとみなすことができ、痕跡の存在が経験的に動機づけられたことになる。(これまでに、音形化されることはないが統語構造には存在する要素として PRO を仮定してきたが、(77a)や(78a)において wanna 縮約が阻止されないということから、PRO は痕跡とは異なり wanna 縮約を阻止しないという結論が得られる。なぜこういった差が見られるのかについて過去さまざまな提案がなされたが、ここでは触れないでおく。)

　痕跡が存在するという第2番目の証拠は、代名詞の意味解釈規則に関するデータから導き出すことができる。まず、以下の文において、(80a)では him は John を指し示すことができるが、(80b)では he は John を指し示すことができないことが、すでに 4.1.1 節で述べたように、(81)の代名詞の意味解釈規則から導き出されることを思い起こしてほしい。

(80) a.　The teacher thinks John$_i$ said Mary kissed him$_i$.
　　 b.　*The teacher thinks he$_i$ said Mary kissed John$_i$.
(81)　　代名詞はそれが c 統御する名詞を指し示すことはできない。

すなわち、(80a)では、him は John を c 統御しないので、この照応関係は成り立つが、(80b)では、he が John を c 統御するので、(81)の意味解釈規則により、この照応関係は成り立たない。これを念頭に置いたうえで、(80)のそれぞれの文の John を who に置き換えて出来上がった以下の疑問文を考察する。

(82) a.　Who$_i$ does the teacher think said Mary kissed him$_i$?
　　 b.　*Who$_i$ does the teacher think he$_i$ said Mary kissed?

これらの文において、なぜ(82a)では、him が who を指し示すことができる

のに対して、(82b)では、he は who を指し示すことができないのであろうか。まず最初に着目してほしいのは、この両方の文において、him と he は who を直接 c 統御していないという事実である。したがって、him/he と who の構造関係に着目している限り、(82)の 2 つの文の文法性の違いを捉えることはできない。

しかしながら、痕跡理論を仮定すると、これらの文の表層構造は概略以下のように表示される。

(83) a. 　[who_i does the teacher think t_i said Mary kissed him_i]
　　 b. *[who_i does the teacher think he_i said Mary kissed t_i]

これらの痕跡付きの表示を与えられると、なぜ(83b)で he が who を指し示すことができないのかが明瞭になる。というのは、この表示において、he は who の痕跡である t を c 統御しているので、(81)の意味解釈規則により、he はこの痕跡を指し示すことができず、he ≠ t となり、結果的に he ≠ who となるからである。したがって、上の説明は、(83)に示したように痕跡が存在すると仮定してこそ成立する説明であるから、表層構造に痕跡が存在することを証拠づけることになる。

痕跡が存在するという第 3 番目の証拠は、これもまた、代名詞の意味解釈規則に関わる。ただし、今回は、代名詞の局所性に関する解釈条件に関わるものである。4.1.2 節で指定主語条件の話をしたときに、発音されない要素 PRO が指定主語としていかに機能するのかを述べたことを思い起こしてほしい。そこでは、指定主語の概念を規定するものとして以下の条件が働くことを見た。

(84) 　当該の代名詞とその先行詞との間に主語が存在し、さらに、その主語がその先行詞と照応関係にある場合は、その主語は指定主語とはみなされない。

この条件によって、以下の例文の照応関係の可否を説明することができた。

(85) a.　Bill persuaded John and Mary_i [_s PRO_i to kill themselves/each other].
　　 b.　*Bill persuaded John and Mary_i [_s PRO_i to kill them_i].
(86) a.　*John and Mary persuaded Bill_i [_s PRO_i to kill themselves/each other].
　　 b.　John and Mary_i persuaded Bill_j [_s PRO_j to kill them_i].

まず、(85a)において、再帰・相互代名詞とその先行詞 John and Mary との間に PRO という主語が介在するが、この PRO は John and Mary と照応関係にあるので、(84)により、指定主語とはみなされない。よって、再帰・相互代名詞とその先行詞 John and Mary との間の照応関係は成り立つ。同様の理由で、(85b)の PRO は、them とその先行詞 John and Mary の照応関係においては指定主語とみなされないので、指定主語条件により、この照応関係は成り立たない。また、(86a)において、PRO は、再帰・相互代名詞とその先行詞 John and Mary との間に介在し、かつ John and Mary と照応関係にはないので、指定主語とみなされ、指定主語条件によりこの照応関係は成立しない。同様の理由で、(86b)の PRO も、them とその先行詞 John and Mary の照応関係において指定主語とみなされるので、指定主語条件により、この照応関係は成立する。

　今ここで、PRO が指定主語条件に関わる指定主語としてどう機能するかについて簡単におさらいしたのだが、もし PRO と同様に、発音されない要素である痕跡もまた指定主語条件に関わる指定主語としての振る舞いが PRO と同じであれば、PRO の存在が動機づけられるのと同様に、痕跡の存在も動機づけられることになる。このことを示すデータを以下に掲げる。

(87) a.　The men seem to John to like each other.
　　 b.　*The men_i seem to John to like them_i.
(88) a.　*John seems to the men to like each other.

b.　John seems to the men_i to like them_i.

【問題 14】上のデータを、痕跡が表層構造に存在すると仮定するとうまく説明できることを、PRO の事例にならって示せ。

4.5　作用域の意味解釈と論理形式

　前節で、意味解釈規則全般が表層構造に適用する根拠を示してきたが、この最終節では、作用域の解釈について、表層構造からではすべてのケースをうまく導き出せないことを示し、表層構造以外の表示レベルが必要であることを述べる。今仮定されている文法モデルは、以下のものであることをまず確認しておく。

(89)　深層構造
　　　　│　←──── 変形規則
　　　表層構造 ────→ 音韻部門 、 意味部門

　前節で、作用域を取る言語表現として、否定辞 not と数量詞句を取り上げたが、この他に作用域を取る言語表現として WH 句をあげることができる。ここでは、まず、この WH 句の作用域が統語構造からどのように導き出されるのかを考察する。ある言語表現の作用域が、直感的に言えば、その意味的勢力範囲であることを上で述べたが、これを念頭において、以下の 2 つの文を比較すると、

(90) a.　Who do you think that John saw?
　　 b.　Do you wonder who John saw?

両者とも疑問文ではあるが、who の作用域に着目すると、(90a)では、who

の作用域が文全体であるのに対して、(90b)では、whoの作用域が埋め込み節に留まることが見て取れると思う。WH句の作用域が文全体に及んでいるのかいないのかを示す1つの意味的基準として、当該の疑問文に対する返答の仕方の違いをあげることができる。すなわち、(90a)のように、WH句の作用域が文全体に及んでいる場合には、その文に対する適切な答えとしては、そのWH句が問うている対象を補うことが期待されている。たとえば、(90a)に対しては、以下のように答えることができる。

(91)　I think that John saw **Mary**.

これに対して、(90b)のように、WH句の作用域が文全体に及んでいない場合は、そのWH句が問うている対象を補うことは期待されていない。したがって、(90b)に対する直接の答えとしては、(92)にあるように、yesかnoで答えるのが普通であり、例えば、(91)のようには答えない。

(92)　Yes, I do. / No, I don't.

　さて、このような意味特性を持つWH句の作用域を統語構造からどう読み取るかであるが、上の事実からすると、その答えは明白であろう。

(93)　あるWH句の作用域は、それがc統御する領域に対応する。

この意味解釈規則が表層構造に適用するとすれば、(90a)のwhoの作用域は主文のSとなり、(90b)のwhoの作用域は埋め込み文のSということになる。これらの例に基づけば、(93)の意味解釈規則が、前節での結論同様、表層構造で適用すると規定して何ら問題はなさそうである。
　ところが、以下の疑問文のように、1文に複数のWH句が生起する、いわゆる多重WH疑問文(multiple WH-question)を考察すると、問題が生じ

(94) What did you give to whom?

この文の what の作用域は、(93)の意味解釈規則により、主文の S と正しく捉えることができる。問題は、元の位置に留まっている whom の作用域である。(93)の意味解釈規則が表層構造にて適用するものとすれば、この WH 句の作用域は、to whom という PP 内に留まることになるが、この結論は正しい結論であろうか。この結論が正しいかどうかを確かめる方法がある。それは、上で述べた、「WH 句の作用域が文全体に及んでいる場合には、その適切な答えとして、WH 句が問うている対象を補うことが期待されている」という WH 句の意味的特性をテストとして使うやり方である。もし、(93)の意味解釈規則が表層構造で適用し、whom の作用域が to whom という PP 内に相当することが正しければ、(94)の適切な答えとしては、単に what が問うている対象だけを補えば事足りることになる。しかしながら、この予測は正しくない。この疑問文に対する適切な答えは、(95)のように、両方の WH 句が問うている対象を補うものでなければならない。

(95) I gave **a book** to **Mary**.

このことから導き出されることは、(94)の whom のように元の位置に留まっている WH 句であっても文全体をその作用域として取っているということである。また、この事実から、(93)の意味解釈規則を表層構造にて適用するという規定には問題があることがわかる。
　ちなみに、日本語を考察すると、上の問題点がより鮮明になる。日本語では、以下の文に示すように、英語と違って WH 移動規則は存在しない。

(96)a.　あなたは誰にその本をあげたのですか。

  b. あなたは誰に何をあげたのですか。

これらの例で、「誰に」や「何を」という WH 句は、(94)の whom と同様、元の目的語の位置に留まっている。しかしながら、これらの WH 句の作用域が文全体に及んでいることは、これらの文に対する適切な答えを考えれば、一目瞭然である。これらの日本語の例もまた、(93)の意味解釈規則が表層構造で適用すると規定することには問題があることを示している。

 以上の例のように、作用域を決定する意味解釈規則が表層構造で適用することには問題があるという結論に基づき、Chomsky(1975, 1976)は、(89)に掲げる文法モデルを修正し、以下に掲げるように、新たに**論理形式**(**Logical Form**, 略して LF)と呼ぶ表示のレベルを設け、そのレベルで意味解釈が成されることを提案した。

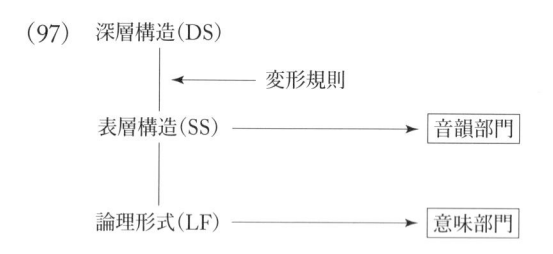

(97) 深層構造(DS)
    |
    ←―――― 変形規則
  表層構造(SS) ―――――→ 音韻部門
    |
  論理形式(LF) ―――――→ 意味部門

この新しい文法モデルを基にした文法理論は、**修正拡大標準理論**(**Revised Extended Standard Theory**)と呼ばれる。この文法モデルにおいて、LF とは、WH 句、否定辞 not そして数量詞句などの言語表現の作用域を正しく捉えるために設定された表示レベルということになる。そこで問題になるのが、この LF とはいったいどのような表示レベルであるのか、そして、この表示レベルは表層構造からいかにして導き出されるのかということである。

 この後者の問いに対しては、当初、表層構造と LF を結びつけるのは意味解釈規則と考えられていた。とりわけ、作用域を決定するための意味解釈規則がその 2 つの表示レベルを結びつけるのに重要な役割を果たしていると

考えられた。そして、前者の問いに対しては、4.3節でも触れるところがあったように、述語論理学でよく使われる表記に従って、たとえば、(98a)の文は(98b)のようなLF表示を持つとされた。

(98) a.　Mary likes every boy.
　　 b.　for every boy x, Mary likes x

(98b)のLF表示は、every boyが文全体をその作用域として取っていることを表し、さらに変項xは、every boyがとる意味的値(たとえば、少年AとかBとかC)に従って、その値も変化することを表している。同様に、疑問文においても、たとえば、(90)の文は(99)のようなLF表示を持つとされた。

(99) a.　for which person x, you think that John saw x
　　 b.　Do you wonder: for which person x, John saw x

(99a)のLF表示では、WH句が文全体をその作用域として取り、「どの人xについて、あなたはジョンがxを見たと思っているの」という意味を表している。(99b)のLF表示では、WH句が埋め込み節をその作用域に取り、その埋め込み節は「どの人xについて、ジョンがxを見たか」という命題を表している。この場合、WH句の作用域は、表層構造でそれがc統御する領域に対応していることは、上で述べた通りである。

　それに対して、(94)に示したような多重疑問文においては、元の位置に留まったままのWH句は、そのLF表示においてCompの位置に移動したWH句と同じ作用域を取るように表示される必要がある。したがって、以下のような意味解釈規則が必要となる(Chomsky 1973を参照のこと)。

(100) a.　表層構造においてCompに移動したWH句は、LFにおいてその位置で作用域を取る。

b. 表層構造において Comp に移動していない WH 句は、すでに Comp に移動した WH 句のうちでそれを c 統御するものと同じ作用域を取る。

これらの意味解釈規則に従えば、(94) は以下のような LF 表示を持つこととなる。

(101)　for which thing x, for which person y, you gave x to y

この LF 表示は、(94) の 2 つの WH 句の作用域を正しく表している。(100b) の規定の中に、「それを c 統御するものと同じ作用域を取る」という条件が付いているが、これは、以下のような文で、元の位置に留まったままの WH 句の作用域を正しく捉えるのに必要となる。

(102)　Who told who where we bought this book?

この疑問文では、最初の who と where は表層構造の段階で Comp の位置に移動しており、(100a) に従って、最初の who は文全体をその作用域として取り、where は埋め込み節をその作用域として取る。これに対して、2 番目の who は表層構造では told の間接目的語としてその位置に留まっている。(100b) に従えば、この WH 句はすでに Comp の位置に移動した who と同じ作用域は取れるが、それを c 統御しない where とは同じ作用域は取れないはずである。したがって、LF 表示は以下のようになっていなければならない。

(103)　for which person x, for which person y, x told y: for which place z, we bought this book at z

この LF 表示が (102) の作用域を正しく表していることは、この疑問文の答

えとして、以下のように、2つの who の値が何であるかを明らかにした文
が適切であることから、見て取れる。

(104) **John** told **Mary** where we bought this book.

また、元の位置に留まったままの WH 句に対して、すでに Comp に移動し、
この WH 句を c 統御する WH 句が複数ある場合、前者の WH 句の作用域
は、後者の WH 句のうちどの WH 句とペアで解釈されるかによって、変化
する。たとえば、以下の文を考察せよ。

(105) Who remembers where we bought which book?

この文において、元の位置に留まっている which book の作用域は、それが
who とペアで解釈されるのか、それとも where とペアで解釈されるのかで、
変わってくる。前者の解釈に相当する LF 表示は、以下の(106a)に相当し、
後者の解釈に対応する LF 表示は(106b)に示す通りである。

(106) a. for which person x, for which book y, x remembers for which place z,
　　　　we bought y at z
　　b. for which person x, x remembers for which place z, for which book y,
　　　　we bought y at z

したがって、(105)に対する適切な答えとしては、たとえば以下のように、
2通り可能である。

(107) a. **John** remembers where we bought **Chomsky's book**.
　　b. **John** does. (= John remembers where we bought which book.)

上で日本語の疑問文について簡単に触れるところがあったので、ここで多少脱線してもう少し詳しく見ることにする。(96)の例文からも明らかなように((96)の文は以下に再掲)、日本語にはWH移動規則が存在しないので、すべてのWH句が元の位置に留まっている。

(108) a.　あなたは誰にその本をあげたのですか。
　　　b.　あなたは誰に何をあげたのですか。

そうすると、これらのWH句の作用域がいかにして決まるのかが問題となってくるが、それは、文の末尾にくっ付いている「か」という疑問文を表す標識となる形態素が決定していることがわかる。以下の文を参照せよ。

(109) a.　ジョンは［誰が何を買ったと］思っているのですか。
　　　b.　ジョンは［誰が何を買ったか］知っている。

(109a)の2つのWH句の作用域は、「か」が主文に位置していることから、文全体であることがわかる。したがって、この疑問文に対する適切な答えとしては、たとえば、以下のようなものがあげられる。

(110)　　ジョンは**ビル**が**本**を買ったと思っている。

これに対して、(109b)の2つのWH句の作用域は、「か」が「知っている」の埋め込み節に位置していることから、この埋め込み節に相当する。
　さらにデータを観察していくと、1文に「か」が2つ以上出てきた場合は、「近い方」の「か」がWH句の作用域を決定していることがわかる。以下の文を参照せよ。

(111) a.　ジョンは［誰が何を買ったか］知っていますか。

b.　あなたは［ジョンが何を買ったか］誰に言ったのですか。

(111a)にふさわしい答えとは、いったいどういったものであるか考えてみてほしい。日本語のネイティブ・スピーカーであれば、この文が「はい」か「いいえ」の答えを期待した、いわゆる yes-no 疑問文であることがわかると思う。そうすると、この文に出てきた2つの WH 句の作用域は埋め込み節の「か」で示された領域ということになる。このことは、「近い方」の「か」がWH 句の作用域を決定していることを示している。次に、(111b)の文を考察すると、多少ぎこちない文ではあるが、その適切な答えがどんなものであるか考えれば、「誰に」対して答えを補うような文がそれに相当することがわかる。たとえば、以下のような文である。

(112)　私は**メアリ**に言ったのです。（＝私はジョンが何を買ったかメアリに言ったのです。）

このことから、(111b)の「何を」は埋め込み節の「か」によってその作用域が決定されているのに対して、「誰に」は主節の「か」によって決定されていることがわかる。以上の考察から、日本語の WH 句の作用域は、以下のような意味解釈規則によって決定されると言うことができる。

(113)　日本語の WH 句は、それを c 統御する「か」のうちで最も近くにあるものによって、その作用域が決定される。

　さて、以上見てきたように、元の位置に留まったままの WH 句は、(100b)や(113)のような意味解釈規則によって、その作用域が決定されることを見た。そして、こういった作用域を決定する意味解釈規則が(97)の文法モデルにおいて、表層構造と LF を結びつける主要な規則とみなされた。しかしながら、その後、生成文法理論モデルのさまざまな改良に伴って、表層構造と

LF を結びつける規則は、深層構造と表層構造を結びつける規則と基本的には同質のもの、すなわち、変形規則と見なされるようになった。とりわけ、移動規則がその役割をつとめるものとみなされた。この新しい考えのもとでは、たとえば、(94)(以下に再掲)のような多重 WH 疑問文の派生は以下のようになる。

(114) What did you give to whom?
(115) 　　DS: you Past give what to whom
　　　　　　↓　by WH–movement, SAI, *Do*–Support
　　　　SS: what_i do+Past you give t_i to whom
　　　　　　↓　by WH–movement
　　　　LF: what_i, whom_j do+Past you give t_i to t_j

この派生において、WH 移動規則が深層構造から表層構造に至る間に what に適用し、さらに、表層構造から LF に至る間に whom に適用している。この後の WH 移動規則によって、whom の作用域を正しく捉えることが可能になっている。

　この 2 つの WH 移動規則は、本質的に同じ規則ではあるが、どのレベルで適用しているかに違いがある。この違いは、文の音形化という観点から見ると、はなはだ大きな違いである。というのは、深層構造と表層構造の間に適用する移動規則は、表層構造が音形化の出力であることから、その適用を受けた句は移動した先で発音されることとなる。これに対して、表層構造とLF の間に適用する移動規則は、言わば音形化が済んだ後に適用するために、その「移動効果」は語順には反映されないこととなる。したがって、たとえば(115)において、what は深層構造と表層構造の間で適用した WH 移動規則によって移動したので、その「移動効果」は語順に反映され、文頭で発音されるのに対して、whom は表層構造と LF との間で適用した WH 移動規則によって移動しているので、その「移動効果」は語順には反映されず、

もっぱらその作用域を正しく捉えるために機能している。このことから、前者のタイプの移動規則を、**可視移動規則**(overt movement)と呼び、後者のタイプを**不可視移動規則**(covert movement)と呼ぶ。

　以上をまとめると、WH句の作用域を正しく捉えるのに、LFという新たな表示レベルが設けられ、そのLFを導くのに、当初は意味解釈規則が提案され、後に移動規則へと変化していったことを述べてきた。このように述べてくれば、読者は、後者の考え方が正しいものとして受け止めるかも知れないが、現在では、どちらのやり方が理論にとってより好ましいものであるかについては、議論が続いている状態である。ここでは、それぞれのやり方の利点と欠点を簡単に指摘するに止めておく。

　まず、元の位置に留まったままのWH句の扱いであるが、不可視移動規則を用いるやり方では、1つ大きな経験的予測をする。というのは、この不可視WH移動規則は基本的に可視WH移動規則と同じものであるという仮定のもとでは、可視WH移動規則に課せられた統語条件が不可視WH移動規則にも適用することが期待されるからである。前章の5.4節で、WH移動規則には島の制限が働くことを述べたのを思い出してほしい。そこでは、主語の位置が島を成すという「(文)主語島制約」と複合名詞句(Det–N – S'/S/PPから成るNP)が島を成すという「複合名詞句島制約」を紹介した。関係するデータを以下に再掲する。

・(文)主語島制約:
(116)　　*What is ［for him to understand **t**］difficult?
・複合名詞句島制約:
(117) a.　*Who did he believe ［the claim that John tricked **t**］?
　　　b.　*Who did he read ［the book that interested **t**］?

これらの事実から、不可視WH移動規則を用いるやり方では、元の位置に留まったままのWH句がこれらの島の領域の中に生起し、LFに至る過程で

不可視 WH 移動規則の適用を受け、その島の領域から抜き出されなければならない場合、当該の文は非文法的になることが予測される。この予測は一見すると間違ったものであるように思われる。以下の文を参照せよ。

(118)　　Who thinks that [for him to understand what] is difficult?
(119)a.　Who believes [the claim that John tricked who]?
　　 b.　Who read [the book that interested who]?

これらの文は、英語としてごく自然な文とは言いがたいが、(116)と(117)の文に比べれば、容認性がはるかに高いというのが、ネイティブ・スピーカーのおおかたの反応である。もしこの容認性の違いが有意義なものであれば、不可視 WH 移動規則を用いるやり方にとっては問題となる。というのは、(118)と(119)の疑問文において、元の位置に留まったままの what や who は不可視 WH 移動規則によって、主節の who が位置する Comp まで移動するが、その時、かっこでくくった島の領域を抜け出すことになり、島の制約に違反することになるからである。実際、Chomsky(1973)は、この類いの例文を用いて、元の位置に留まったままの WH 句が島の制約等の移動規則に課せられる条件に抵触しないことから、こういった WH 句の作用域は意味解釈規則によって決定されるべきものであると考えた。

　しかしながら、80 年代に入って、Huang(1982)が元の位置に留まったままの WH 句には、島の制約に従うものがあることを指摘した。それは、WH 句が why や how のような副詞句の場合である。以下の文を参照せよ。

(120)　　*Who thinks that [that John was fired why] surprised Mary?
(121)a.　*Who believes [the claim that John tricked Mary why]?
　　 b.　*Who read [the book that interested John why]?

これらの文の非文法性は、不可視 WH 移動規則を用いるやり方でうまく説

明することができる。というのは、元の位置に留まったままの why がこのアプローチでは不可視 WH 移動規則によって、主節の who が位置する Comp に移動することになるが、その際、(120)では文主語の島領域を、そして(121)では複合名詞句の島領域をそれぞれ越えることになり、島の制約に違反するからである。

こうして見てくると、不可視 WH 移動規則のやり方を支持するデータと支持しないデータの両方が存在することがわかる。(118)や(119)のようなデータを考察すれば、元の位置に留まっている WH 句が主語や目的語といった働きをする NP の場合、その作用域は意味解釈規則によって決定するとみなすのが妥当であるように思われる。他方、(120)や(121)のようなデータは、元の位置に留まったままの副詞句の WH 句が、不可視 WH 移動規則を用いてその作用域が決定されることを示唆しているように思われる。この問題をどう解決するかについては、依然議論が続いている。

数量詞句の作用域の決定の仕方についても、同様の議論がなされている。すなわち、数量詞句の作用域を意味解釈規則によって決定するのか、あるいは不可視移動規則によって決定するのかという問題である。まず、意味解釈規則によるアプローチを簡単にまとめると、上の(98)の所で述べたように、(98a)の文は、意味解釈規則によって、(98b)の LF 表示が導き出される((98a, b)は以下に再掲)。

(122) a.　Mary likes every boy.
　　　b.　for every boy x, Mary likes x

(122b)の LF 表示は、every boy が文全体をその作用域として取っていることを表し、その意味するところは、「すべての少年それぞれについて、メアリが好いている」ということである。さらに、数量詞句の作用域については、数量詞句が 1 文に複数出できた場合、その間の作用域の広狭が問題となる。4.3 節で、数量詞句の間の作用域の広狭は、(56)に掲げる意味解釈規則(以

下に再掲)によって決定されることを見た。

(123) 任意のαとβを作用域を取る表現とすると、αがβをc統御する場合、αはβより広い作用域を取る。

そこでは、この意味解釈規則が表層構造で適用すると仮定したが、(97)のようなLF表示を仮定する文法モデルでは、この意味解釈規則は、LF表示を導き出すものと考えることができる。たとえば、(59)の2つの文において(以下に再掲)、

(124) a. Everyone in the room knows at least two languages.
　　　 b. At least two languages are known by everyone in the room.

(124a)では、everyone in the room が at least two languages より広い作用域を取るのに対して、(124b)では、at least two languages の方が広い作用域を取るということを見た。これを、(123)の意味解釈規則に従ってLF表示を導き出せば、(124a)のLFは(125a)に対応し、(124b)のLFは(125b)に対応する。

(125) a. for every one in the room x [there is a set of at least two languages y [x knows y]]
　　　 b. there is a set of at least two languages y [for every one in this room x [y is known by x]]

これらのLF表示において、everyone in the room も at least two languages も両方とも [x knows y] や [y is known by x] という文全体を作用域として取っている。違いは、(125a)では、everyone in the room の方が広い作用域を取っているので、「この部屋にいるすべての人それぞれに対して、少なくとも2

か国語からなる集合(set)が存在し、それぞれの人がその集合を知っている」という意味になるのに対して、(125b)では、at least two languages の方が広い作用域を取っているので、「少なくとも 2 か国語からなる集合が存在し、この部屋にいるすべての人に対して、その集合がそれぞれの人によって知られている」という意味になる。

　以上、数量詞句の作用域を意味解釈規則によって導き出すアプローチを簡単に見てきたが、これに対して、数量詞句の作用域を決定するのに、不可視移動規則が関わっているという提案が、May(1977)によってなされた。たとえば、(122a)(以下に再掲) の LF は、以下のように派生される。

(126)　Mary likes every boy.
(127)　DS: Mary Pres like every boy
　　　　　↓　by Affix Hopping
　　　SS: Mary like+Pres every boy
　　　　　↓　by Quantifer Raising(QR)
　　　LF: every boy Mary like+Pres t

この派生に記してあるように、数量詞句を移動する規則は、**数量詞繰り上げ規則**(**Quantifier Raising**, 略して QR)と呼ばれるようになった。この不可視移動規則によって、every boy の作用域が文全体に及んでいることを正しく捉えることができる。さらに、May(1977)では、数量詞句の間の作用域の広狭の決定の仕方についても、QR が重要な働きをしているという主張がなされた。とりわけ、May は、(123)の意味解釈規則に異議を唱え、表層構造の高さ関係からは、数量詞句の間の作用域の広狭は決定されないと主張している。たとえば、(124)のような文では両方とも、基本的には 2 つの数量詞句の間で、どちらの広い読みも可能であると主張する。もっと単純な文を例にとれば、(128)の文は、(129)に示したように 2 通りの解釈が可能であると言う。

(128)　　　Someone saw everyone.
(129)a.　　すべての人に会ったような誰かが存在する。

(someone の広い読み)

　　b.　　すべての人それぞれに対して、その人に会った誰かが存在する。

(everyone の広い読み)

　この事実を捉えるのに、May は QR を用いた。すなわち、(128)において、someone と everyone に QR を適用して、文の先頭に移動するが、どちらをより高い位置に移動するかによって、(129a, b)の 2 つの意味を区別している。(129a)に対応する LF 表示が(130a)であり、(129b)に対応する LF 表示が(130b)である。

(130)a.　　［someone$_i$ ［everyone$_j$ ［$_S$ t$_i$ see+Past t$_j$］］］
　　b.　　［everyone$_j$ ［someone$_i$ ［$_S$ t$_i$ see+Past t$_j$］］］

　以上、数量詞句の作用域の決定の仕方について、これを意味解釈規則によって決定するアプローチと、QR という不可視移動規則によって決定するアプローチとを見てきた。さて、問題はどちらのアプローチがより好ましいものであるかだが、これについては、確固たる理論的根拠や経験的証拠を提示するのは極めて困難である。この問題を考察するには、多少論点を整理する必要がある。まず、(124)や(128)の文に関して、これらの文が May が主張するように 2 通りの解釈を許すのかそれとも 1 通りの解釈しか許さないのかという言語事実の問題がある。これに関しては、まだはっきりした結論は得られていないように思われる。現在では、多くの研究者がこの点に関しては May の立場に立っているが、他方、この 2 通りの解釈を比べた場合、表層構造上高いほうにある数量詞句の広い読みの方が、それとは逆の読みに比べて当該文からごく自然に得られる読みであり、その逆の読みは、表層構造上低いほうにある数量詞句に音声上の強勢を置いたりして、とりわけ強調

する必要があるなどの報告がある（ちなみに、日本語では、表層構造上高いほうにある数量詞句の広い読みしか存在しないと言われる。(128)の日本語訳である「誰かが誰もに会った」という文を参照せよ）。

　この事実をどう捉えるかであるが、原則的には2通りの解釈が可能で、何か別の要因で1つの読みが得にくくなっていると考えるか、原則的には1通りの解釈しか可能ではなく、何か別の特別な要因、たとえば、音声による強調などによって、不可能な読みが可能になったと考えるかによって、Mayの立場を取ることも可能であるし、(123)の意味解釈規則を擁護することも可能であろう。この点については、さらに突っ込んだ議論が待たれる。

　ただし、この言語事実の解釈に関する問題は、厳密に言えば、意味解釈規則によるアプローチとQRという不可視移動規則によるアプローチのどちらがより好ましいものであるかという問題とは直接関係はしない。というのは、もしMayの主張が正しくて、(124)や(128)のような文が2通りの解釈を許すとしても、それでもって、QRのアプローチが支持されるという結論は得られないからである。なぜなら、QRを使わなくとも、(123)の意味解釈規則を2通りの読みを可能とする意味解釈規則に修正することは、技術的に何らむずかしいことではないからである。QRを支持するためには、WH不可視移動の時のように、統語的動機づけが必要とされる。しかしながら、上で見たWH不可視移動の場合とは違って、QRに対応する可視移動規則なるものが存在するかどうか定かではないために、その統語的動機づけを行うのは、そう簡単ではない。もし、WH移動規則の場合のように、「可視的QR」なるものが存在すれば、その不可視版としてのQRを仮定するのも、(97)のようなLF表示を仮定する文法モデルでは、ごく自然なことと言えるのだが。

　読者によっては、QRは移動の一種なのであるから、上で見た島の制約に従うかどうかで、その存在を動機づけられると考えるであろう。しかしながら、その論理は的を射ているものの、それを経験的に確かめるのは簡単とは言えない。というのは、QRは、そもそも節を越えて移動することはないと

通常主張されているからである。これは、QRの節境界性条件(clause-boundedness condition)と呼ばれている。たとえば、以下の文を例に取ると、

(131)　Someone thinks that John saw everyone.

(128)では everyone の広い読みが可能であると主張する人でも、この文では、everyone が someone より広い作用域を取ることはないと言われる。もし、QR が WH 移動規則同様、島の制約に従い、またそれのみによって制約されるのであれば、(131)で、everyone は、主節の先頭の位置で作用域を取ることが可能なはずである。そうすると、(130)に掲げられた LF と同様、以下の2通りの LF 表示が得られるはずである。

(132) a.　[someone$_i$ [everyone$_j$ [$_S$ t$_i$ think+Pres that John see+Past t$_j$]]]
　　　b.　[everyone$_j$ [someone$_i$ [$_S$ t$_i$ think+Pres that John see+Past t$_j$]]]

(132b)は everyone が広い作用域を取る読みを表しているので、事実に合致しないことになる。この理由から、QR には節境界性条件が働き、(131)の LF 表示は以下のようであると主張される。

(133)　[someone$_i$ [$_S$ t$_i$ think+Pres that [everyone$_j$ [$_S$ John see+Past t$_j$]]]]

この LF 表示は、someone の広い作用域を表しているので、事実に合致することになる。さて、この節境界性条件であるが、島の制約とは異なり、この条件が本当に QR のような移動規則に適用する条件なのか、それとも意味解釈規則に関わる条件なのかについては、はっきりした結論は得られていない。こういう状況下では、数量詞句の作用域を決定するのに、意味解釈規則によるアプローチがよいのか、それとも QR という不可視移動規則によるアプローチがよいのか、これからまだ議論は続きそうである。

4.6 まとめ

本章で最終的に到達した文法モデルは、以下のようなものである。

(134)　深層構造(DS)
　　　　　　　←―――― 変形規則
　　　　表層構造(SS) ―――――→ 音韻部門
　　　　　　　|
　　　　論理形式(LF) ―――――→ 意味部門

このモデルでは、主・述・目的・修飾語解釈規則を LF に適切に適用するために、移動規則の適用後その移動元に痕跡を残すという、痕跡理論が採用された。また、このモデルにおいて、表層構造から論理形式を導くのに、（１）意味解釈規則を用いるアプローチと（２）変形規則（とりわけ移動規則）を用いるアプローチがあった。Chomsky(1976)は前者のアプローチを採用し、この意味解釈規則には、前節で述べた WH 句や数量詞句の意味解釈規則(100)及び(123)のみならず、4.1 節で述べた代名詞の意味解釈規則も含まれるとしている。後者のアプローチは、May(1977)を経て、Chomsky(1981)から本格的に採用されるようになった。

本章で扱った意味解釈規則を以下に列挙しておく。

〈代名詞の意味解釈規則〉
(135)　代名詞はそれが c 統御する名詞を指し示すことはできない。
(136)　再帰・相互代名詞はその先行詞によって c 統御されなければならない。
(137)　代名詞が先行詞によって c 統御される場合、以下のような条件が働く：
　　a.　再帰・相互代名詞とその先行詞との間に指定主語または時制節が

　　　　　　介在する場合、その照応関係は成り立たない。
　　　b.　普通代名詞とその先行詞との間に指定主語または時制節が介在する場合、その照応関係は成り立つ。
〈表層主語の意味解釈規則〉
(138)　　主語、述語を決定する意味解釈規則を表層構造においても適用せよ。
〈作用域の意味解釈規則〉
(139)　　任意のαとβを作用域を取る表現とすると、αがβをc統御する場合、αはβより広い作用域を取る。
(140)a.　表層構造においてCompに移動したWH句は、LFにおいてその位置で作用域を取る。
　　　b.　表層構造においてCompに移動していないWH句は、すでにCompに移動したWH句のうちでそれをc統御するものと同じ作用域を取る。

参考文献

Chomsky, Noam (1955) *The Logical Structure of Linguistic Theory*, Plenum Press, New York.
Chomsky, Noam (1957) *Syntactic Structures*, Mouton, The Hague.
Chomsky, Noam (1965) *Aspects of the Theory of Syntax*, MIT Press, Cambridge, Massachusetts.
Chomsky, Noam (1966) *Cartesian Linguistics: A Chapter in the History of Rationalist Thought*, Harper & Row, New York.
Chomsky, Noam (1968) *Language and Mind*, Harcourt Brace Jovanovich, New York.
Chomsky, Noam (1970a) "Remarks on Nominalization," in R. Jacobs and P.S. Rosenbaum (eds.), *Readings in English Transformational Grammar*, Ginn, Waltham, Massachusetts.
Chomsky, Noam (1970b) "Deep Structure, Surface Structure, and Semantic Interpretation," in R. Jacobson and S. Kawamoto (eds.), *Studies in General and Oriental Linguistics Presented to Shiro Hattori on the Occasion of His Sixtieth Birthday*, TEC Co. Ltd., Tokyo. Also in N. Chomsky (1972), *Studies on Semantics in Generative Grammar*, Mouton, The Hague. (Chomsky 1970b のページ番号は、Chomsky 1972 のもの)
Chomsky, Noam (1972) *Studies on Semantics in Generative Grammar*, Mouton, The Hague.
Chomsky, Noam (1973) "Conditions on Transformations," in S.R. Anderson and P. Kiparsky (eds.), *A Festschrift for Morris Halle*, Holt, Rinehart and Winston, New York. Also in N. Chomsky (1977), *Essays on Form and Interpretation*, North-Holland, New York. (Chomsky 1973 のページ番号は、Chomsky 1977 のもの)
Chomsky, Noam (1975) *Reflections on Language*, Pantheon, New York.
Chomsky, Noam (1976) "Conditions on Rules of Grammar," *Linguistic Analysis* 2, 303–351.
Chomsky, Noam (1977) "On the Nature of Language," in N. Chomsky, *Essays on Form and Interpretation*, North-Holland, New York, pp. 63–77.
Chomsky, Noam (1981) *Lectures on Government and Binding*, Foris, Dordrecht.
Huang, James (1982) *Logical Relations in Chinese and the Theory of Grammar*, Doctoral dissertation, MIT.
Jackendoff, Ray (1972) *Semantic Interpretation in Generative Grammar*, MIT Press, Cambridge,

Masachusetts.

Jackendoff, Ray (1990) "On Larson's Treatment of the Double Object Construction," *Linguistic Inquiry* 21, 427–456.

May, Robert (1977) *The Grammar of Quantification*, Doctoral dissertation, MIT.

Reinhart, Tanya (1976) *The Syntactic Domain of Anaphora*, Doctoral dissertation, MIT.

Ross, John (1967) *Constraints on Variables in Syntax*, Doctoral dissertation, MIT.

索引

A

Aの上のA原理（A-over-A Principle） 95

D

Do支え規則（Do-Support） 54

N

Not挿入規則（Not-Insertion） 52
Not挿入規則I（Not-Insertion I） 60, 63
Not挿入規則II（Not-Insertion II） 60

V

VP削除規則（VP-Deletion） 57

W

wanna縮約（contraction） 141
WH移動規則（WH-Movement） 50

い

移動規則の境界性（boundedness） 88
意味部門（semantic component） 5, 7

お

音韻部門（phonological component） 5, 6
音節（syllable） 6
音素（phoneme） 6

か

拡大標準理論（Extended Standard Theory） 136
可視移動規則（overt movement） 155

き

共指示照応関係（coreference anaphora） 134
局所性（locality） 110

く

句（phrase） 13
句構造（phrase structure） 13
句構造規則（phrase structure rule） 14

け

形態素（morpheme） 6
形態部門（morphological component） 5, 6
言語の二面性 1
厳密循環条件（Strict Cycle Condition） 74

こ

語彙意味論（lexical semantics） 7
構成素（constituent） 13
構成素統御（constituent-command） 105
構造依存性（structure dependence） 22, 75, 103, 127

構造的同音異義（constructional homonymity） 43, 67, 69
語用論（pragmatics） 8
痕跡理論（trace theory） 138

さ

作用域（scope） 125

し

時制節条件（Tensed-S Condition） 117
指定主語条件（Specified Subject Condition） 113
島の制約（Island Constraint） 91
修正拡大標準理論（Revised Extended Standard Theory） 148
主語-Aux 倒置規則（Subject-Aux Inversion） 50, 76
主語繰り上げ規則（Subject Raising） 69
受動変形規則（Passivization） 65, 84, 86, 97
小節（small clause） 34
助動詞（auxiliary） 26
深層構造（deep structure） 48

す

数量詞（quantifier） 126
数量詞繰り上げ規則（Quantifier Raising） 159

せ

接辞付加規則（Affix Hopping） 54

そ

相補分布（complementary distribution） 112
束縛変項照応関係（bound variable anaphora） 134

た

単語（word） 5

ち

チェーン（chain） 139

と

等位接続（coordination） 16
統語テスト 25, 41
統語部門（syntactic component） 4, 5
動詞句（verb phrase） 15

は

派生（derivation） 51
範疇（category） 13

ひ

標準理論（Standard Theory） 135
表層構造（surface structure） 48
表層主語（surface subject） 124

ふ

不可視移動規則（covert movement） 155

複合名詞句島制約（Complex NP Island
　　　Constraint）　91
文主語島制約（Sentential Subject Island
　　　Constraint）　91
文法（grammar）　4

へ

変形規則（transformational rule）　48
変項（variable）　134

ほ

ポール・ロワイヤル文法　49
補文標識（complementizer）　71

れ

例外的格付与構文（Exceptional Case
　　　Marking Construction）　36, 41

ろ

論理形式（Logical Form）　148
論理主語（logical subject）　124

わ

話題化変形規則（Topicalization）　93

【著者紹介】

阿部潤（あべ じゅん）

（専門　言語学）1961年、宮城県生まれ。1986年、筑波大学大学院文芸・言語研究科より修士号を取得。1993年、コネチカット大学言語学科より博士号取得。東洋女子短期大学専任講師、名古屋大学言語文化部助教授、東北学院大学教授を経て、現在は言語学に関する執筆・講演活動に専念。
著書：『生成文法理論の哲学的意義：言語の内在的・自然主義的アプローチ』開拓社 (2017). *Minimalist Syntax for Quantifier Raising, Topicalization and Focus Movement: A Search and Float Approach for Internal Merge*, Studies in Natural Language and Linguistic Theory Vol. 93, Springer (2016).『生成統語論入門：普遍文法の解明に向けて』開拓社叢書 26、開拓社 (2016). *The In-Situ Approach to Sluicing*, Linguistik Aktuell - Linguistics Today 222, John Benjamins (2015). *A Movement Theory of Anaphora*, Studies in Generative Grammar 120, Mouton De Gruyter (2014).『生成言語理論入門』共著、ひつじ書房 (2000).

問題を通して学ぶ **生成文法**
Learning Generative Grammar though Solving Problems

発行	2008年3月21日　初版1刷
	2022年5月10日　　　4刷
定価	1600円＋税
著者	© 阿部潤
発行者	松本功
装丁	近藤祐子
印刷製本所	株式会社 ディグ
発行所	株式会社 ひつじ書房

〒112-0011 東京都文京区千石 2-1-2　大和ビル 2F
Tel.03-5319-4916　Fax.03-5319-4917
郵便振替 00120-8-142852
toiawase@hituzi.co.jp　https://www.hituzi.co.jp/

ISBN978-4-89476-390-6　C1080

造本には充分注意しておりますが、落丁・乱丁などがございましたら、小社かお買上げ書店にておとりかえいたします。ご意見、ご感想など、小社までお寄せ下されば幸いです。

入門　生成言語理論
田中伸一・阿部潤・大室剛志著　定価 2,800 円 + 税

ベーシック生成文法
岸本秀樹著　定価 1,600 円 + 税

ベーシック語彙意味論
岸本秀樹・于一楽著　定価 1,700 円 + 税

Analyzing Japanese Syntax: A Generative Perspective
岸本秀樹著　定価 2,600 円 + 税